POÉSIES
DE
SULLY PRUDHOMME

IL A ÉTÉ TIRÉ DE CE LIVRE :

25 exemplaires sur papier de Hollande.
20 — sur papier de Chine.
10 — sur papier Whatman.

Tous ces exemplaires sont numérotés et paraphés par l'éditeur.

POÉSIES

DE

SULLY PRUDHOMME

1878 - 1879

Lucrèce
De la Nature des choses, 1ᵉʳ Livre.
La Justice

PARIS

ALPHONSE LEMERRE, ÉDITEUR

27-31, PASSAGE CHOISEUL, 27-31

—

MDCCCLXXX

AVANT-PROPOS

Cette traduction du premier livre de Lucrèce a été entreprise comme un simple exercice, pour demander au plus robuste et au plus précis des poètes le secret d'assujettir le vers à l'idée. Nous avons laissé et repris souvent notre travail, retournant au poème *de la Nature* comme au meilleur gymnase, toutes les fois que nous avions besoin d'éprouver et de retremper nos forces. C'est ainsi que ce premier livre s'est trouvé peu à peu entièrement traduit. Les autres le seront-ils jamais? Ne devions-nous pas plutôt garder ce fragment qui, sans donner assez, nous engage trop? Ces scrupules nous auraient arrêté, si en effet nous avions cru signer une promesse, offrir autre chose au lecteur qu'une étude littéraire et philosophique. C'est donc une étude, rien de plus, et il y paraîtra, car nous nous sommes imposé la tâche, trop souvent puérile, de ne pas excéder dans notre traduction le nombre des vers du texte, nous permettant seulement de les intervertir quand le sens pouvait s'y prêter. Nous avons adopté l'excellente édition allemande de Jacob Bernays, qui fait partie de la collection des auteurs grecs et latins de Teubner[1].

Passionnément épris du génie de Lucrèce, nous sommes loin toutefois d'épouser la doctrine des atomes, qui, d'ailleurs, ne lui appartient pas, ce que nous admirons sans réserve, c'est le grand souffle d'indépendance qui traverse l'œuvre tout entière et qu'on y aspire avec enthousiasme.

La préface qu'on va lire n'est pas une critique directe de notre auteur, mais elle en contient implicitement le commentaire et sépare

---

1. A Paris, chez Haar et Steinert, 9, rue Jacob.

notre opinion de la sienne. Comme, en exposant nos idées, nous avons nécessairement rencontré les deux principaux courants de la pensée dans tous les temps, le matérialisme et le spiritualisme, on comprendra que nous ayons été entraîné fort loin, et l'on s'étonnera moins des proportions exagérées que cette préface a malgré nous dû prendre.

Les lignes qui précèdent forment l'avant-propos de notre livre dans la première édition, qui a paru il y a une dizaine d'années. Si nous exhumons aujourd'hui cette traduction, et la préface qui l'accompagne, c'est qu'il nous a semblé opportun de les rapprocher de notre dernier poème, *la Justice*. Nous avons pensé qu'il pourrait n'être pas sans intérêt de permettre ainsi au lecteur de reconnaître dans ce poème l'influence de nos premières études.

C'est naturellement d'un œil un peu prévenu qu'on voit un rimeur se mêler de philosophie ; aussi sentons-nous qu'en offrant au public une réédition de notre préface, nous avons grand besoin de recommandations auprès de lui. Le lecteur philosophe nous pardonnera donc si, pour lui inspirer quelque confiance, nous avons transcrit, à la fin de cet essai (page 55), en faveur de notre travail, le témoignage d'une autorité compétente. Nous n'avons pas résisté non plus à la tentation de reproduire un autre témoignage propre à rassurer l'humaniste qui attache un prix particulier à l'exactitude de la traduction ; on le trouvera également plus loin joint au premier.

La fatigue que nous a causée la traduction du seul premier livre de Lucrèce nous a ôté tout espoir d'arriver jamais à faire celle des autres livres en y appliquant le même système d'interprétation, et nous avons dû y renoncer. Du reste, la traduction magistrale en vers du poème entier, publiée en 1876 par notre confrère André Lefèvre, et que nous considérons comme définitive, suffirait à nous persuader et à nous consoler à la fois d'abandonner notre entreprise.

PRÉFACE

Nous nous proposons, dans les pages qui suivent, de présenter l'ensemble de nos observations sur l'état et l'avenir de la philosophie. Nous avons recherché, dans la nature même de l'intelligence, quelles sont les causes de la diversité des doctrines en dépit de l'unité de la raison ; où en sont les deux systèmes radicaux, le matérialisme et le spiritualisme, touchant l'être et la raison d'être des choses ; quelle transformation la méthode scientifique est appelée à faire subir aux termes de la question métaphysique ; quel est le domaine, quelles sont les bornes de la connaissance humaine.

Un traité quelque peu complet sur de si vastes matières passerait de beaucoup nos forces et notre ambition ; des remarques et des notes mises en ordre, voilà tout ce que nous prétendons donner au lecteur.

LA DIVERSITÉ DES OPINIONS.

Le plus sérieux motif de découragement dans la recherche de la vérité, c'est assurément la prodigieuse diversité des opinions humaines ; des contradictions si nombreuses et si frappantes semblent bien justifier tous les doutes sur l'unité et la véracité de la raison. Les sceptiques n'ont pas d'argument plus spécieux. Ces contradictions, en effet, ne s'expliquent pas seulement par la passion, qui est étrangère à la nature de l'esprit même, elles se produisent sur des questions où nul autre intérêt n'est en jeu que celui de la vérité, où l'erreur paraît ne pouvoir provenir que d'un vice des facultés intellectuelles. On comprend que les problèmes sociaux, à supposer la bonne foi dans tous les partis, trouvent difficilement des solutions unanimes, car les opinions immédiatement pratiques sont trop voisines des intérêts pour ne point les suivre et se diviser avec eux. Mais le dissentiment n'est pas moindre, lorsqu'il s'agit des spéculations abstraites qui n'ont qu'une influence très indirecte sur la vie positive. Des philosophes, des savants, qui n'étudient que par pure curiosité, qui ne pensent que pour le fruit intérieur de la pensée, se rencontrent rarement et ne s'accordent presque jamais. Il faut donc qu'en dehors des mobiles passionnels il existe dans la nature même de l'esprit des causes de ce dissentiment.

Il ne suffit pas d'alléguer que les penseurs se placent à des points de vue différents, car, quelque distants que soient entre eux ces points de vue, les regards sont dirigés sur le même objet; la connaissance en devrait être plus complète par la concordance de tous les aspects. La différence des points de vue est plutôt propre à faire converger les esprits qu'à les séparer. Ce qui les sépare, c'est leur inégal progrès dans la réflexion qui fait que leur vue a des portées très différentes. En visant la même chose, fût-ce du même côté, ils l'analysent différemment et ne s'en font pas la même idée, sans pour cela s'en faire une idée fausse. A proprement parler, les esprits ne sont pas en état de se contredire, parce qu'ils ne se rejoignent pas ; les uns devancent les autres. Le même langage ne peut servir à tous ; pour se contredire, il faudrait au moins qu'ils s'entendissent, ils ne s'entendent pas. Les discussions aboutissent presque toujours au mutuel aveu d'un désaccord sur le sens des mots ; or, ce sens varie selon le degré de réflexion : tel mot prend un sens plus profond pour l'un des interlocuteurs que pour l'autre. La conciliation reste impossible, à moins qu'ils ne commencent ensemble un travail de définition, une recherche de commune méthode, et si la bonne foi est entière des deux côtés, la dispute, longtemps stérile, pourra devenir une fructueuse collaboration.

La raison, en effet, chez tous les hommes est de même nature, a les mêmes exigences et se pose les mêmes questions. Sans cette identité de l'intelligence, le langage ne se fût jamais formé, car il implique la logique. La formation des langues et la possibilité de les traduire les unes dans les autres témoignent assez de l'unité de la raison humaine. Il faut que chacun de nous, sous peine de rester insociable, arrive progressivement à concevoir tout ce qu'il entend nommer, afin de participer au bienfait de l'entente commune. Cette entente ne porte malheureusement pas sur tous les objets de la connaissance, il s'en faut de beaucoup. Plus les notions deviennent abstraites et s'élèvent, plus elles partagent les intelligences. L'acte le plus simple de l'esprit, la perception des objets extérieurs au moment où ils impressionnent les sens, s'opère en général sans donner lieu à de longues disputes; on arrive bientôt à se désigner mutuellement les mêmes objets perçus, et tant qu'on ne porte sur eux aucun jugement, qu'on se borne à les percevoir, on s'entend sur les idées qui les représentent. Voici tel arbre, telle pierre, on ne peut qu'inviter les autres à les voir comme soi; jusque-là aucune discussion ne peut s'élever. Mais à mesure que les opérations de l'esprit se compliquent, les chances de dissentiment se multiplient. Les jugements portés sur cet arbre ou cette pierre rencontreront sans doute peu de contradictions, s'ils ne font que constater dans ces choses les éléments très distincts que les sens peuvent y saisir immédiatement, la couleur, la figure; il suffira d'une égale attention pour faire la même analyse. Déjà les difficultés peuvent commencer si tous les observateurs ne sont pas capables d'une égale attention; mais où le désaccord deviendra presque inévitable, c'est lorsque les jugements, au lieu d'être des constatations immédiates, résulteront d'un travail préalable de la pensée sur les données sensibles ; lorsque, par exemple, on tentera quelque définition de la chose ou la moindre explication de son existence. Dès ce moment, les divergences d'opinion deviendront telles, qu'on pourra douter que des esprits qui concluent si diversement soient de même nature et fonctionnent d'après les mêmes lois.

Nous croyons fermement que ces divergences n'impliquent pas de contradictions radicales, mais qu'elles naissent, comme nous l'avons dit, du développement inégal de la réflexion chez les individus. On met en présence des pensées d'une maturité très-différente ; il est impossible qu'elles concordent. C'est ce fait que nous voudrions étudier d'un peu plus près et suivre dans ses conséquences.

LA SPONTANÉITÉ ET LA RÉFLEXION.

Tous les hommes commencent à penser spontanément, et la plupart ne penseront jamais qu'ainsi, c'est-à-dire que les idées, les jugements, les raisonnements, se forment sans que l'esprit assiste à leur formation et en prenne conscience. Comme un pianiste frappe les touches, et, sans avoir besoin de connaître le mécanisme intérieur de l'instrument, sans savoir comment se font les notes, les combine et en jouit ; de même l'homme, en pensant, détermine la production de l'idée en lui, sans apercevoir l'intime travail de l'intelligence ; il agit sur des ressorts dont il provoque et attend les effets, mais dont l'agencement peut lui rester toujours inconnu. Mais il peut, tout comme le pianiste, regarder dans la machine, la démonter pièce par pièce pour étudier la nature des phénomènes qu'il y produit. La pensée dès lors n'est plus spontanée ; en tant qu'elle observe ses actes et s'en rend compte, elle est réfléchie. La réflexion dont nous parlons ici n'est pas la réflexion prise au sens littéraire, qui n'est qu'une concentration de l'esprit sur l'idée, elle est fort différente de l'attention. L'attention est impliquée à un degré quelconque dans toutes les opérations de l'entendement, elle n'en caractérise aucune. La pensée peut même être spontanément attentive : on est fort attentif au théâtre, mais on ne s'aperçoit pas qu'on l'est. L'attention, dans ce cas, est l'exemple le plus frappant d'un effort inconscient ; elle est une espèce de ressort, mû à notre insu et à notre profit, et dirigé de nous au monde extérieur. On a peu étudié les manifestations spontanées de la vie intellectuelle; il y a là cependant un champ d'observations indéfini. On rencontrerait sans doute dans cette direction le passage de la pensée à l'instinct. Nous devons nous contenter ici de constater les deux applications distinctes de l'acte de penser, la *spontanéité*, la *réflexion*, selon que l'esprit se porte vers son objet extérieur sans retour sur ses opérations propres, ou qu'au contraire il s'observe dans son travail de perception. Réfléchir sur un objet, c'est donc le percevoir avec la conscience qu'on le perçoit, c'est par conséquent critiquer les moyens de le connaître, en un mot y appliquer une méthode, et par cette méthode l'analyser et le connaître plus profondément. Du reste, l'esprit n'a pas deux modes de penser, il ne fait jamais que percevoir; seulement, dans le cas de la réflexion, la perception de l'objet se complique de celle des facultés mêmes qui l'étudient, et suppose un acte de conscience.

Mais quand cet acte de conscience, qui crée la méthode, a-t-il dû se produire? quand commence la réflexion? Elle est toujours postérieure à la spontanéité, elle apparaît dès que l'esprit sent qu'il y a *problème*, dès qu'il est mis en demeure de répondre à une question qu'il ne peut plus résoudre instinctivement. Le simple fait de la question, de l'interrogation, *l'acte de curiosité*, est tout d'abord spontané. L'enfant est questionneur et curieux, et cependant il ne réfléchit pas encore, ou du moins il n'a qu'une réflexion très-rare et très-obscure. Ce qui détermine l'esprit à réfléchir, ce n'est donc pas la curiosité même, c'est la difficulté qu'il rencontre à la satisfaire; il n'y a vraiment problème pour lui qu'à ce moment. Qu'on suppose, en effet, la curiosité satisfaite instinctivement à mesure qu'elle naît, la réflexion devient inutile, l'usage spontané de la raison suffit à résoudre les questions à mesure qu'elles se présentent. Mais il n'en va pas ainsi; l'équilibre est fréquemment rompu entre la puissance spontanée de l'esprit et la difficulté qui s'impose; à chaque instant sa curiosité passe son intelligence instinctive; il est alors obligé de tâter ses propres forces, de les disposer et d'organiser le siège de l'inconnu. C'est la crise de la vie intellectuelle, son moment dramatique, l'initiation à une douleur et à une joie d'un genre nouveau qu'il n'est pas donné à tous de sentir tout entières. Une curiosité proportionnée exactement à la puissance de l'entendement, un entendement mesuré à l'étendue des besoins physiques, telles sont sans doute les conditions harmonieuses de la vie des bêtes. Peut-être l'homme risquerait-il de diminuer sa grandeur en cherchant à rétablir dans ses facultés cet équilibre et cette paix, en nivelant sa curiosité aux forces de son esprit, en sacrifiant la belle présomption du désir à la juste portée de la fonction. Avoir posé vainement de grandes questions, avoir désiré connaître d'emblée et avant tout l'important du monde, son origine et sa fin, n'est-ce pas plus glorieux pour l'esprit humain que d'avoir résolu de moindres problèmes et de ne s'être pas soucié des autres?

Tant que l'homme avait perçu, comparé, généralisé, induit, déduit, sans considérer ni contrôler la nature de ces divers actes, l'homme pensait comme il marche. Or, de même qu'il est contraint de prendre conscience de sa marche, de calculer ses pas et de les diriger par une volonté expresse dès que le chemin devient difficile, de même il a dû se sentir penser, il a dû observer en lui cette fonction et y devenir attentif pour la bien conduire, dès qu'il a rencontré de sérieux obstacles à l'intelligence de l'objet. A côté de la méthode naturelle, instinctive, qui n'est que la spontanéité de l'esprit, et ne varie sans doute point d'un homme à l'autre, des méthodes artificielles prirent donc naissance par la réflexion de la pensée sur ses propres actes. Toute méthode artificielle suppose une certaine expérience acquise du mécanisme intime de la pensée, et la méthode est évidemment d'autant plus sûre, que cette expérience est plus avancée et plus exacte. Dans l'histoire de la connaissance, on voit bientôt la réflexion se substituer à la spontanéité, des essais de méthode aux tentatives de la recherche instinctive. L'homme, en effet, n'a pas usé de ses facultés intellectuelles selon le vœu le plus strict de sa nature animale, qui ne vise qu'à la conservation de l'espèce ; il les a très-vite appliquées à l'étude plus noble et pour ainsi dire contemplative de tout l'Univers. Aussitôt les problèmes les plus complexes se sont posés à sa raison novice. Le progrès lent, quotidien, qu'elle pouvait spontanément accomplir dans la science tout empirique des moyens de subsister, n'a plus suffi à cette ambition aristocratique de savoir pour savoir. La raison, repoussée brutalement dès ses premières démarches, s'est sentie acculée. Ce sentiment a provoqué en elle la première conscience de son effort, et, se retournant sur elle-même, elle s'est dès lors par la réflexion emparée de la direction de son entreprise.

Il importe de remarquer que depuis ce moment le progrès de la science entière est resté intimement lié au progrès de la réflexion, qui, sous le nom de logique et depuis Aristote, a tenté de s'organiser en science particulière.

La seule spontanéité de l'esprit s'attache aux données sensibles dans l'ordre où elles se présentent; elle observe et juge à mesure qu'elle perçoit, elle n'est capable d'instituer aucune expérimentation; elle ne provoque pas les questions, elle les rencontre et les résout par une assimilation inconsciente, comme se fait la digestion.

La réflexion, par l'analyse des lois de la pensée, tend à déterminer de mieux en mieux les conditions mêmes de la connaissance sous la variété des objets, et par suite à bien poser ces conditions dans une recherche quelconque. Elle tend à une méthode unique, mais progressivement, et comme tous les esprits ne possèdent pas au même point cette faculté d'analyse logique, il se produit en réalité autant de méthodes artificielles qu'il y a de degrés dans la réflexion. Ces méthodes sont le plus souvent vicieuses parce qu'elles soumettent l'étude de toutes choses à un régime logique incomplet, qui n'est applicable qu'à un certain ordre de faits. Le plus grand exemple qu'on puisse fournir de ces partis pris malheureux, c'est le procédé logique de Spinosa, qui, pour avoir voulu démontrer mathématiquement des vérités de l'ordre empirique, s'est refusé tout le bénéfice de la méthode expérimentale. Quand elle est poussée au delà de son domaine propre, une méthode artificielle perd les avantages de la spontanéité et nous met en défiance contre elle-même. Cela est si vrai qu'on en appelle toujours malgré soi des systèmes au bon sens, qui n'est autre que la spontanéité de l'esprit humain. Et il arrive souvent que, pour juger ses propres doctrines, le philosophe se dessaisit de la direction réfléchie, voulue, de son intelligence, la remet à la nature par un retour de confiance, et laisse en lui une souveraine raison, la raison pour ainsi dire impersonnelle, prononcer en dernier ressort sur la validité de ses travaux méthodiques. Quel penseur n'a senti parfois toute son œuvre revisée, infirmée ou confirmée par cette secrète juridiction? Il ne faut pas en être dupe, elle n'est pas toujours le bon sens, elle n'est souvent que le sens commun, et tandis que le premier est en quelque sorte la résultante harmonieuse et instinctive de toutes les facultés intellectuelles, le second n'est la plupart du temps que la somme des préjugés traditionnels.

Toutes les doctrines fameuses qui ont ouvert des voies nouvelles à la pensée humaine ont marqué un pas de plus dans la réflexion; elles n'ont été que des logiques profondes, trop éloignées de la spontanéité vulgaire pour être toujours comprises de leur siècle. L'isolement des grands penseurs ne doit pas nous surprendre. On peut dire sans exagération que les efforts de la réflexion ne sont pas plus naturels à l'esprit que les exercices de la corde raide ne le sont au corps; la foule ne suit pas mieux le penseur dans ses spéculations que l'acrobate dans sa voltige, ce sont des tours de force qui s'exécutent au-dessus de sa tête.

La distinction que nous venons d'établir entre la spontanéité de l'esprit et la réflexion explique suffisamment la difficulté qu'éprouvent les hommes à accorder leurs opinions. De la plus naïve spontanéité à la plus consciente réflexion, qui sont les deux termes extrêmes de l'acte de penser, il existe une infinité de degrés et de variétés dans le développement d'esprits également bien doués d'ailleurs.

Les enfants, la plupart des femmes, les gens sans instruction, n'observent pas la marche de leur pensée, ils raisonnent sans se rendre compte des mots : *or, car, donc,* etc., et concluent par une nécessité dont ils sentent la force, mais dont ils ne songent même pas à pénétrer le secret. Leur curiosité va en avant au hasard, sans règle ni but déterminé. Leurs questions manifestent bien un besoin intime de leur esprit, mais sont posées sans aucun plan préconçu, sans nulle prévision méthodique d'une concordance entre les solutions partielles obtenues. Cette classe est très-propre à recevoir l'erreur, parce que son ignorance la rend confiante et crédule, mais elle n'est guère capable de l'engendrer par elle-même, elle ne considère, en général, que les objets les plus immédiats, les plus voisins des sens ; sa curiosité, quoique vive, ne devance que fort peu sa connaissance acquise et, dans les limites restreintes de ses recherches, elle trouve dans la méthode instinctive un guide très-sûr.

On rencontre ensuite une classe nombreuse de gens qui ne sont ni des manœuvres ni des penseurs, mais qui, voués à des professions, sinon manuelles, du moins encore pratiques, ont reçu les éléments de diverses sciences qui s'y appliquent, et s'en sont assimilé les méthodes particulières. Ils n'ont, à vrai dire, pas grande conscience de ces méthodes et en usent comme des produits de la réflexion d'autrui. Souvent ces études superficielles ont suffi pour détruire en eux la spontanéité au profit d'une logique bornée, de sorte qu'ils sont parfois, avec beaucoup plus de prétention, plus éloignés du vrai que la classe précédente. C'est un des résultats fâcheux de la division du travail intellectuel nécessitée par les besoins divers de la vie sociale; toute profession exclusive tend à détruire l'harmonie des facultés. On peut ranger dans une catégorie voisine une foule d'hommes d'esprit, de lettrés et d'artistes, que des fonctions tyranniques ou, au contraire, une fantaisie toujours flottante ont empêchés de penser entièrement et à fond.

Puis on trouve la classe des penseurs, de ceux qui se sont consacrés à remuer les idées ; les savants et les philosophes. Ceux-là ont certainement plus réfléchi que les autres, c'est leur métier, mais c'est précisément chez eux que se remarque le développement le plus inégal de la réflexion. Il ne faut pas s'en étonner : tandis que les autres se rencontrent à peu près tous sur le terrain vague du sens commun et s'y arrêtent au même niveau, ceux-ci vont jusqu'au bout de leur énergie intellectuelle, et, en l'épuisant tout entière, accusent à des profondeurs différentes tous les degrés de leur diverse puissance d'esprit.

Enfin, nous ne savons trop quel rang donner dans cette hiérarchie aux hommes qu'une croyance traditionnelle dispense d'élaborer eux-mêmes aucune doctrine. Ils ne peuvent que nous engager à croire comme eux, et nous ne pouvons que les supplier de rendre évident ce qu'ils croient ; mais, en général, ils s'ôtent tout moyen de faire cette preuve, en déclarant l'incompétence de la raison sur la chose même à prouver.

Il suffit de jeter un coup d'œil sur ce tableau des divers degrés de la réflexion chez les hommes qu'on suppose d'intelligence égale, pour se convaincre qu'entre les diverses classes l'accord des opinions est impossible, et que dans une même classe le dissentiment doit être très-fréquent. Les esprits, sans voir nécessairement faux, voient plus ou moins profondément ; ils n'ont même pas la ressource de communiquer entre eux. Le même mot peut affecter autant de significations différentes qu'il existe de degrés possibles dans l'analyse réfléchie de l'objet désigné, et certains mots compris des uns peuvent être tout à fait dépourvus de sens pour les autres. Les exemples de ces malentendus abondent dans toute discussion, et, pour ne signaler que ceux qui intéressent la philosophie, le mot *absolu* n'a tout son sens que pour une personne sur mille ; quelques savants mêmes ne l'entendront peut-être jamais, et leur dédain pour l'objet lointain qu'il désigne se sent parfois de leur dépit de ne point l'entendre. Le mot *esprit,* opposé au mot *matière,* signifie pour les hommes les plus simples la matière même extrêmement subtilisée, une flamme et un souffle. D'autres vont plus loin, mais, procédant toujours par abstraction des propriétés sensibles, n'arrivent jamais à imaginer l'esprit sans le localiser, ce qui est encore le matérialiser. D'autres renoncent à l'imaginer et le conçoivent négativement ; tout ce qui ne rentre pas dans leur notion de la matière est pour eux esprit, mais dès lors ils ne savent comment expliquer la relation de l'esprit et de la matière dans l'homme. On rechercherait vainement toutes les nuances introduites dans le sens de ce mot, selon la profondeur de la réflexion.

Il résulte de tout ce qui précède que la diversité des opinions ne prend pas uniquement sa source dans l'erreur ni dans une incompatibilité essentielle des intelligences. Chaque homme est capable d'analyser jusqu'à un certain degré qui n'est pas le même pour tous; en tant qu'il juge l'objet par le rapport qu'il abstrait de ses perceptions, il ne se trompe pas, mais d'autres peuvent abstraire des mêmes perceptions un rapport différent, plus étendu ou plus restreint. Si donc le vocabulaire ne fournit pas autant de mots distincts que l'objet comporte de définitions progressives, le malentendu et le désaccord sont inévitables.

La raison est une, mais la réflexion se développe par moments successifs dans l'éducation de la pensée individuelle et dans l'histoire de la pensée humaine; et à chaque moment de ce progrès les mêmes perceptions d'un objet, plus profondément analysées, changent de signification pour l'intelligence.

PERCEVOIR ET COMPRENDRE.

Lorsque nous distinguons la connaissance spontanée de la connaissance réfléchie, nous ne prétendons nullement qu'elles s'opèrent toujours séparément et que l'une ou l'autre soit exclusive *dans chaque esprit; nous sommes convaincu au contraire qu'il n'est personne qui ne les possède toutes deux ensemble, mais dans une proportion très-variable.* C'est leur inégale mesure qui fait la diversité des opinions. La bonne éducation des facultés ne consiste pas à substituer la réflexion à la spontanéité, mais à exercer le plus possible la première pour bien juger le témoignage indispensable de la seconde. La réflexion n'agit que sur les données sensibles, lesquelles sont nécessairement spontanées et constituent la communication de l'esprit avec son objet. Nous croyons fermement que toute science digne de ce nom est fondée sur l'observation et l'expérience, c'est-à-dire sur les perceptions immédiates qui se forment spontanément en nous; nous sommes donc bien loin d'admettre qu'aucune doctrine puisse être créée par la réflexion pure.

La base de toute science est donc, à notre avis, un ensemble de données sensibles ou perceptions immédiates qui sont l'œuvre de la spontanéité de l'esprit, et la fin de toute science est un système de rapports que la réflexion découvre dans ces données et qui les rend *intelligibles*.

Mais qu'est-ce donc que cette intelligibilité des perceptions immédiates? L'esprit, avons-nous dit, est un, sa nature est la même chez tous les hommes, bien qu'à des degrés différents de conscience de lui-même. Or à tous les degrés il a les mêmes besoins, il n'est satisfait qu'aux mêmes conditions. Ces conditions, les voici : avant tout *percevoir nettement* les matériaux de la pensée, c'est-à-dire bien discerner les sensations et leur division spontanée en groupes ou unités distinctes ; ensuite *comprendre*, c'est-à-dire répondre sur chaque unité aux questions suivantes : qu'est-elle ? quelle est sa raison d'être ? Ainsi, l'esprit veut d'abord voir distinctement sa donnée, puis savoir ce qu'elle est, ce qui la distingue et la définit ; enfin il ne se contente pas de constater son existence et les rapports intrinsèques constituant son unité, il ne la conçoit pas sans rapports extrinsèques posant son existence et ses conditions, il demande la cause, le comment et le pourquoi de l'objet ; et s'il ne les trouve pas en dehors de l'objet, il faut qu'il les trouve dans la nécessité de ses rapports intrinsèques, qu'il conçoive ceux-ci comme subsistants par eux-mêmes. Il n'est pas d'homme qui ne sente ce problème dans tout objet perçu, et qui n'en essaye la solution ; les perceptions ne sont rendues intelligibles qu'à ce prix.

LES DEUX MODES D'EXPÉRIENCE.

Pour déterminer quelle est la part de la spontanéité et celle de la réflexion dans l'état actuel des connaissances, nous devons examiner où en sont les doctrines sur l'être et la raison d'être des choses qu'atteignent nos moyens d'observation et d'expérience. Nous rappelons que ces moyens sont de deux sortes : par l'expérience externe que nous tenons de nos sens, nous constatons en nous des affections auxquelles nous attribuons des causes hors de nous ; par l'expérience interne, nous constatons dans nos affections et dans nos actes quelque chose de nous-mêmes, si peu que ce soit. Commençons par examiner l'œuvre de l'expérience externe, les données qu'elle fournit à l'esprit, et comment l'esprit résout sur elles les questions d'être et de raison d'être dont la solution peut seule les rendre intelligibles, les faire comprendre.

EXPÉRIENCE EXTERNE.

La première exigence de l'esprit, percevoir nettement avant de juger pour être en état de juger, se rencontre chez l'enfant et chez l'ignorant au même degré que chez l'homme cultivé. Chacun s'efforce également d'accommoder ses sens à l'impression, chacun y est également attentif, mais les différences commencent à l'acte de comprendre. En se demandant : qu'est-ce que cela ? les uns seront beaucoup plus exigeants, plus difficiles à satisfaire que les autres. Cette question n'a pas pour tous la même portée ; la portée du comment et du pourquoi sera aussi très-diverse. Il est aisé de s'en rendre compte. Il y a une distinction spontanée des groupes de perceptions ou objets de la pensée, que la nature se charge en quelque sorte d'opérer sans le concours de notre volonté pour notre conservation et notre utilité; elle l'opère dans l'esprit des bêtes comme dans le nôtre, et il y a une distinction plus analytique, plus profonde, d'objets élémentaires constituant les premiers, qui est un fruit de la science réfléchie. Ne nous flattons pas d'apprendre à l'enfant à distinguer un chien d'un cheval, un arbre d'une pierre, nous ne pouvons que lui donner l'occasion de les distinguer lui-même en lui désignant ces objets, désignation qui consiste à le mettre sur la voie de percevoir comme nous et qui serait évidemment impossible sans l'initiative spontanée de ses facultés. Le monde s'offre dans la perception de l'enfant, comme dans la nôtre, en groupes naturels de sensations liées entre elles d'une manière constante et qui correspondent à l'unité directement inaccessible de leur cause extérieure. Cette unité, nous l'appelons vie, cohésion, continuité, impénétrabilité, etc., quand nous nous préoccupons d'en définir le *principe*; mais à l'esprit de l'enfant, elle s'impose comme lien des sensations groupées, sans qu'il songe à distinguer ses sensations de leur cause extérieure, l'image sensible de l'objet réel qui la fait naître en lui. Plus tard, la réflexion conduit l'homme à examiner l'unité du groupe sensible acceptée jusque-là instinctivement, à l'analyser dans ses perceptions élémentaires pour découvrir le principe de cette unité, et comme il ne le trouve confiné dans aucune perception élémentaire, il l'attribue à une influence extérieure à la donnée sensible, ne tombant pas sous les sens, mais coordonnant les sensations, qu'il appelle *force, vie, âme,* etc. Cette seconde distinction des êtres n'est déjà plus spontanée, mais elle est le résultat d'une réflexion encore superficielle. Cette connaissance demi-réfléchie est la plus commune, c'est à peu près la métaphysique de tout le monde. Il importe de bien montrer quel est cet état de la pensée et combien il est propre à entraver le progrès de la réflexion scientifique.

La connaissance spontanée qui suffit à l'homme comme aux animaux pour la satisfaction des besoins essentiels n'est à proprement parler qu'un rêve, une pure illusion, une sorte d'hypothèse instinctive, et quiconque ne s'en est pas aperçu en est encore au début de la vie intellectuelle. Pour l'enfant, comme nous venons de le remarquer, et pour beaucoup d'hommes faits, la sensation de l'objet se confond absolument avec l'objet même, et ainsi l'ensemble de leurs sensations leur paraît être le monde extérieur. Rien ne leur semble s'interposer entre le monde et eux; ils s'imaginent que les couleurs appartiennent aux objets extérieurs, en sont une qualité propre, tandis qu'elles n'en sont que des signes en nous et répondent en eux à des propriétés d'un ordre tout autre. Ils prennent le rideau sur lequel se reflète le fantôme du monde pour le monde même. Le mot arbre, par exemple, signifie réellement deux choses, un groupe de sensations figurées, vertes, brunes, résistantes, etc., et l'objet qui, en nous impressionnant, est cause en nous de ces sensations. Pour l'enfant et pour l'ignorant, l'image et l'objet ne font qu'un. La connaissance spontanée fait donc concevoir comme existant hors du moi des états sensibles du moi, elle *extériorise* les sensations mêmes et les montre comme des propriétés et non comme des signes de l'objet extérieur. Il s'est écoulé des siècles avant que ce mirage pût s'évanouir sous la réflexion ; la physique d'Aristote prouve à quel point il est naturel à l'esprit ; la gloire de Descartes et de la physique moderne est de l'avoir dissipé. Mais il s'en faut bien que les savants aient tous conscience du progrès qu'ils ont fait faire à la réflexion, et beaucoup d'entre eux parlent encore de la matière comme s'ils vivaient au temps d'Épicure. Ils en sont encore à cette connaissance demi-réfléchie dont nous voulons signaler la faiblesse et le danger ; ils infèrent encore de la sensation à l'objet sans avoir complètement et résolument distingué l'une de l'autre. Nous allons, pour essayer de les en convaincre, passer rapidement en revue leurs notions de l'être des choses dans les sciences fondamentales, physique, chimie, physiologie.

Occupons-nous d'abord de la physique et voyons où elle en est de sa conception de la matière.

DE LA MATIÈRE EN PHYSIQUE.

La physique reconnaît chaque jour qu'elle a pour mission principale d'étudier la cause extérieure des sensations, de rechercher quelles sont dans les objets extérieurs les propriétés qui nous les rendent perceptibles, qu'est-ce que la couleur, le son, la chaleur, le poids, etc. Il lui appartient par conséquent de définir le rapport réel des sens au monde extérieur et de faire tomber toutes les illusions de la connaissance spontanée. Elle a préparé admirablement la solution du problème, mais elle semble ne pas apercevoir toute la portée de ses notions acquises; on dirait qu'elle craint de réfléchir à fond sur ses données.

Il est suffisamment établi aujourd'hui que la diversité de nos sensations (couleur, chaleur, son, etc.) est due aux propriétés différentes des nerfs, optiques, tactiles, acoustiques, etc., mais que le phénomène extérieur qui affecte les nerfs est toujours le même, à savoir, la vibration, un mouvement identique en nature au mouvement constaté et créé par le toucher, bien que l'agent excitateur ne soit pas le même pour tous les sens et qu'il puisse être souvent trop subtil pour être mesuré par les nerfs du tact. Une preuve bien décisive de ce fait, c'est qu'il suffit de toucher un nerf quelconque pour déterminer la sensation, sans avoir recours à l'agent ordinaire qui l'ébranle. Ainsi tout phénomène d'impression sur nos sens est un phénomène de l'ordre tactile, et la méthode de la physique consiste jusqu'à présent à tenter la conversion de tous les phénomènes d'impression en simple mouvement vibratoire d'un milieu élastique ébranlant les nerfs. Toutes les prévisions du calcul fondées sur cette idée préconçue s'étant vérifiées par l'expérience, l'hypothèse confine à la réalité. Les conséquences en sont immenses. Si nous pouvons acquérir quelque notion de l'être des choses extérieures qui nous impressionnent, nous ne l'acquerrons donc qu'en étudiant la cause du mouvement et de la résistance dans le phénomène du toucher. La matière ne se définirait donc plus pour nous que par un seul de nos sens; elle ne serait pas : « tout ce qui tombe sous les sens », mais plus spécialement : tout ce qui est de nature résistante, encore bien que notre propre tact soit souvent trop grossier pour en percevoir la résistance. Mais on va voir que cette dernière définition de la matière, si bien justifiée par l'état actuel de la science, identifie absolument la matière à ce qu'on nomme la force, et rend inintelligibles les idées d'inertie, de masse, de solidité et même de volume, telles qu'elles sont encore conçues par la plupart des physiciens. S'imaginer que la matière est essentiellement étendue, inerte, solide, c'est conserver les illusions de la connaissance spontanée. Quand nous sentons qu'un objet nous résiste, nous sentons que nous déployons contre lui une activité spéciale que nous appelons notre force musculaire ou physique; or le sentiment que nous avons de cette force déployée par nous nous révèle en même temps la nature de la chose qui nous résiste, par la raison bien évidente que deux choses qui n'auraient rien de commun ne se rencontreraient en rien, et que, en tant qu'elles se rencontrent, elles sont de même nature. Tout ce que nous savons donc de l'objet nommé matière, c'est qu'il est analogue, sinon identique, à la force que nous lui opposons. Tout revient donc à examiner ce qu'est cette force, et nous ne pouvons interroger sur ce point que la conscience de notre propre activité physique. Ce principe, du reste, n'est pas seulement vrai de la matière et de la force, il l'est de toutes choses; nous ne connaissons de la nature des objets que ce qu'elle a d'identique à la nôtre. Nous aurons à développer plus loin cette vérité paradoxale en apparence.

Le physicien, après l'analyse qu'il a dû faire de la cause extérieure de nos sensations, ne peut donc plus accorder au mécanicien que le monde des corps est un système de forces agissant sur des mobiles passifs et distincts d'elles-mêmes, sur des quantités de matière inerte ou masses ; il n'y a dans la nature que de la substance active. Il ne faudrait pas croire toutefois que le dédoublement fictif de cette substance en force et masse ait faussé les calculs des mécaniciens. Les merveilles de l'astronomie, la preuve que cette science fait chaque jour de sa méthode par ses justes prédictions, sont des garanties inébranlables de sa véracité. *Les choses*, en effet, *se passent comme s'il y avait force et masse*, et si l'hypothèse n'est pas exacte, elle est, du moins jusqu'à présent, suffisante ; elle est utile et admissible au même titre que la décomposition fictive d'un mouvement unique en mouvements élémentaires. Les apparences sont d'ailleurs pour elle : dans la connaissance spontanée, l'objet que nous voyons et touchons, en tant que vu, nous semble une chose inerte et passive sur laquelle nous agissons pour la toucher et lui imprimer le mouvement. Il est probable que l'aveugle-né ne pourrait par lui-même faire cette décomposition de l'objet phtysique en masse et force, car pour lui tout est résistance, c'est-à-dire force. La solidité des corps, non seulement des corps élastiques, mais aussi des corps supposés continus et pleins, comme les prétendus atomes, est une lutte entre notre force et celle qui en réalité les constitue ; leur impénétrabilité n'est que l'impossibilité où sont les forces de s'anéantir.

La mécanique tend du reste à modifier sa notion de la masse dans un sens plus philosophique. Elle ne la définit plus : « la quantité absolue de matière dont un corps est composé, » ce qui impliquait une métaphysique de la matière, elle la définit par un rapport tiré des effets de l'activité, quelle que puisse être la nature intime de l'être actif : la masse, c'est l'expression du rapport qui existe entre la valeur numérique d'une force constante quelconque, et la valeur numérique de la vitesse pendant l'unité de temps : définition peu compromettante qui a l'avantage de laisser entière la question de substance, et qui du reste est la seule utile au calcul.

Nous venons d'indiquer comment les découvertes modernes de la physique sur la cause extérieure des sensations doivent modifier la notion spontanée de la matière ; les plus récentes découvertes sur la transformation des agents physiques les uns dans les autres n'y contribueront pas moins. Nous ne pouvons les passer complètement sous silence.

La physique ne se borne pas, en effet, à rechercher comment le monde entre en communication avec les sens, par quels agents et par quel mode d'action il les impressionne ; elle étudie en outre la mutuelle dépendance de nos sensations, comment elles se modifient sous l'influence combinée des agents qui les déterminent. Elle découvre que les perceptions, si différentes entre elles, de résistance, de lumière, de chaleur, d'électricité, de magnétisme, peuvent, dans des circonstances favorables, se substituer les unes aux autres ; qu'on peut changer la lumière en chaleur, celle-ci en force, celle-ci en électricité, etc., et réciproquement. Ce fait prend une extrême importance, en venant corroborer et compléter la loi précédemment établie, à savoir que le mode d'impression des agents extérieurs, dits fluides impondérables, sur nos sens est unique, réductible dans tous les cas à un phénomène de l'ordre tactile. Il conduit à penser que ces agents ne sont pas réellement distincts, mais qu'ils ne sont que les modes divers d'un unique agent capable d'un mouvement variable par lequel divers sens peuvent être successivement affectés. Dans cette conception les agents et *forces physiques* ne se transformeraient pas, ils seraient identiques. Cette identité est prouvée expérimentalement pour l'électricité et le magnétisme, pour la chaleur et la force dans les changements d'état des corps.

La physique tend ainsi à établir que le monde sensible est composé de forces de même nature que la force humaine. Les corps sont des systèmes de forces qui se manifestent à nous soit par leur résistance immédiate au toucher, soit par l'intermédiaire d'agents qui sont forces aussi et transmettent leur ébranlement aux nerfs ; et ces agents semblent devoir se réduire à deux, l'air considéré *comme véhicule du son*, et un milieu ou éther affectant par ses divers états nos autres sens.

Le moment n'est donc sans doute pas éloigné où cette science, trouvant la synthèse de ses grandes découvertes, en dégagera une notion simple des causes extérieures de nos sensations, et renversera pour sa part l'hypothèse spontanée d'une matière brute, distincte des puissances qui s'y manifestent.

DE LA MATIÈRE EN CHIMIE.

Passons à la chimie, et voyons ce qu'elle a fait de la notion de matière. Fonder une distinction entre cette science et la précédente sur le caractère passager des phénomènes physiques et le caractère permanent des phénomènes chimiques, c'est arbitraire. Que l'équilibre des forces en jeu soit plus ou moins stable, plus ou moins durable, les lois qui régissent les forces sont toutes permanentes et seules elles le sont. Il n'y a d'absolument fixe que les lois. Les états chimiques sont si peu permanents qu'ils changent perpétuellement pour la nutrition du monde organisé, et les états physiques si peu transitoires par essence que le poids des corps est constant. Les sciences se désignent suffisamment, il est inutile et même dangereux de vouloir les définir avec exactitude ; on risque d'élever entre elles des barrières imaginaires. Ne doivent-elles pas toutes se confondre à leurs limites ? Elles ne pourraient d'ailleurs se définir que par leur objet, qu'elles ont précisément mission de définir. Il serait puéril de chercher si l'action analytique et synthétique de l'électricité est chimique ou physique, elle est à la fois et indivisément l'un et l'autre. Ne traçons point de démarcation exclusive : constatons seulement que les phénomènes chimiques modifient les corps dans leur unité spontanément perçue, c'est-à-dire que par la composition et décomposition des corps connus, ils en offrent de nouveaux à notre perception ; par là ces phénomènes révèlent dans les corps d'autres propriétés plus distinctives que les propriétés communes à tous et dites physiques.

Le chimiste, comme tout savant, prend nécessairement pour point de départ de ses recherches les données de la connaissance spontanée. Il accepte de celle-ci une première distinction des corps ; il perçoit instinctivement comme des unités différentes, l'eau, les minéraux, les métaux, etc. ; mais il réfléchit sur la nature de ces unités, sur leur principe intime. L'alchimiste s'attachait surtout à la différence de leurs caractères physiques et soupçonnait à peine en quoi consistent véritablement les propriétés chimiques. Aujourd'hui le chimiste se sert des caractères physiques comme d'étiquettes, comme d'indications utiles, mais secondaires, nullement essentielles. Il distingue scientifiquement les corps par leurs diverses actions réciproques, par leurs propriétés d'analyse et de synthèse mutuelles qui sont les propriétés chimiques, et non par leurs propriétés d'impression sur nos sens qui sont purement relatives à nous et physiques. Les premiers progrès de la chimie datent de cette conception plus réfléchie. Ce qui préoccupait l'alchimiste dans son rêve de la transmutation des corps, c'était la conversion de propriétés physiques données en d'autres également physiques, en celles de l'or, par exemple ; les combinaisons les intéressaient surtout à ce point de vue. Ces résultats tout industriels ne sont pas dédaignés du chimiste moderne, mais ils sont les applications, non le but scientifique de ses recherches.

La découverte de la loi des proportions définies et des équivalents a permis de distinguer nettement le mélange de la combinaison, et de fixer entre chaque corps et tous les autres une relation constante qui le caractérise chimiquement, c'est-à-dire indépendamment de son impression sur nos sens. De là une distinction plus essentielle des corps, car la corrélation entre les propriétés chimiques et les propriétés physiques n'est pas toujours exacte, de sorte que ces dernières ne différencient qu'imparfaitement les essences. Il se présente des cas, comme l'isomorphisme et le dimorphisme, où des ressemblances ou dissemblances physiques ne correspondent plus à des caractères chimiques semblables ou dissemblables.

La propriété chimique, nommée affinité, que nos sens ne peuvent directement atteindre, provoque la combinaison et la maintient ; elle est donc un principe vraiment essentiel de distinction des corps, car elle détermine en s'exerçant la formation d'unités nouvelles perçues par nos sens. L'idée qu'on peut se faire de la substance matérielle est donc intimement liée à celle qu'on se fera de l'affinité. La physique nous a révélé la matière, en tant que résistante et impressionnant nos sens, comme une force analogue à celle que nous développons au dehors dans l'acte du toucher et que nous appelons notre force physique. La chimie nous signale tout autre chose. Comme nos sens n'atteignent point l'affinité, nous ne sommes plus autorisés à l'identifier absolument aux forces physiques. Il est bien vrai qu'elle modifie ces forces ; que tout phénomène chimique est accompagné de manifestations d'électricité et de chaleur ; qu'il y a un spectre chimique ; que le degré de cohésion est fort important dans les actions chimiques ; que l'oxydation du muscle est nécessaire à la production de l'énergie musculaire ; et qu'ainsi une étroite connexion existe entre les forces chimiques et les forces physiques, mais leur complète identité est encore hypothétique. Il nous suffit toutefois de constater que les affinités et les agents physiques se supposent et s'influencent mutuellement, pour être en état d'affirmer que la nature des unes n'est pas en tout différente de celle des autres, car on ne conçoit aucune relation possible entre des choses qui n'ont absolument rien de commun. Les plus récents progrès de la chimie tendent même à établir que l'affinité serait une loi mécanique n'agissant qu'à des distances minimes et se rattachant à la loi de l'attraction universelle ; mais la preuve de cette assimilation n'est pas entièrement faite, et le principe de l'affinité est resté jusqu'à présent irréductible.

Ainsi, d'une part, nous n'avons aucune sensation directe de l'affinité ; ne tombant pas sous nos sens, elle se soustrait encore à la définition vulgaire de la matière ; d'autre part, comme ses effets se manifestent indirectement dans nos sensations par les agents physiques et qu'elle entre en relation avec eux, il faut qu'elle participe de leur nature active. Il semble donc qu'on ait encore moins en chimie qu'en physique le droit d'admettre des masses inertes soumises à des forces différentes d'elles en nature. Quant à la nature spécifique de l'affinité, elle nous est trop inconnue pour que nous nous en formions une idée véritable, puisque nous n'en trouvons pas le type exact et complet dans nos forces propres, les seules qui tombent sous notre conscience.

La physique nous révèle la matière comme une chose essentiellement active, une force dont le type nous est offert dans celle que nous exerçons sur le monde extérieur ; la chimie nous fait entrevoir dans la matière des puissances d'un autre ordre, intimes, c'est-à-dire sans relation directe avec nos sens, capables de se développer et d'agir sous l'influence des forces physiques, pour constituer des corps nouveaux en conférant une unité nouvelle à des unités élémentaires. Quand nous disons forces et puissances, nous n'entendons point d'ailleurs créer arbitrairement autant de substances distinctes ou entités, qu'il y a de modes d'activité manifestés ; c'est une question qui sera traitée en son lieu ; ces mots désignent simplement ici des classes différentes de phénomènes rapportées aux diverses causes, substantielles ou non, de leurs différences.

DE LA MATIÈRE EN PHYSIOLOGIE.

La physiologie nous découvre à son tour des puissances plus secrètes, plus inaccessibles encore à nos sens et qui créent une distinction nouvelle dans les corps chimiquement définis en conférant à certains d'entre eux une unité spéciale qu'on nomme la vie. L'hypothèse des animistes et celle des vitalistes, quelque erronées que soient leurs formules métaphysiques, expriment néanmoins un fait vrai : l'impossibilité de rendre compte du phénomène de la vie par les seules forces matérielles connues des chimistes et des physiciens. Mais les animistes et les vitalistes se font une idée fausse de la matière, lorsqu'ils se croient obligés d'y adjoindre un principe différent d'elle et distinct, en quelque sorte spirituel, dont la fonction serait de la modeler et de l'animer, de lui donner figure et vie, en un mot de l'organiser. L'idée d'une sorte de souffle agitant une matière inerte est la donnée instinctive de la connaissance spontanée ; elle a, comme telle, son utilité pratique, car elle différencie des manières d'être qu'il était bon de ne pas confondre ; il était bon qu'instinctivement l'homme distinguât la matière vivante de toute autre. Mais cette concession devient téméraire et très contestable dès qu'elle prétend spécifier la différence essentielle de l'être vivant et de l'être qui ne l'est pas. La réflexion a fait peu à peu justice des vaines entités qu'elle engendre. On eut bientôt découvert que la plupart des mouvements observés dans l'organisme, loin de procéder d'un principe spécial, ne sont que des applications particulières des lois physiques et chimiques ; tels sont les phénomènes d'absorption, de digestion, de circulation. On ne vit plus d'antagonisme entre ces lois et l'action vitale. La vie, prenant ses conditions mêmes et ses moyens d'action dans les données physiques et chimiques, ne parut plus être une résistance, une lutte contre les tendances de la matière brute ; elle se révéla comme un degré supérieur dans le développement des activités matérielles. On distingua la substance organisée de la substance brute, sans faire de la vie un principe substantiellement distinct de la matière et l'asservissant.

Par un esprit de simplification, très scientifique d'ailleurs, certains physiologistes sont portés à admettre que tous les phénomènes de la vie pourront être expliqués par la physique et la chimie, comme, par exemple, l'absorption et la digestion l'ont été par l'endosmose et les actions chimiques. Ils ont tenté, dans cette voie, l'assimilation du *courant nerveux au courant électrique ;* mais le nerf est mauvais conducteur et l'on a reconnu des différences essentielles entre ces agents, bien qu'ils s'influencent réciproquement. Les sécrétions échappent également à ce système ; il ne peut rendre compte, du moins jusqu'à présent, du caractère électif de leur œuvre.

La vie, autant que la science actuelle peut l'atteindre, ne paraît donc être ni une résultante des *forces physiques et chimiques,* ni un principe extérieur à la matière. Elle est la matière même, manifestant une de ses propriétés ou forces dans les conditions physiques et chimiques requises.

Mais, pour concevoir ainsi la vie, il faut évidemment restituer à l'idée de matière toute sa richesse et toute sa portée ; il faut en bannir l'idée d'inertie. Il faut comprendre que la matière n'est pas distincte de la force, qu'il n'existe dans la nature que de la substance active ; qu'enfin, loin d'avoir pour caractère propre d'être massive et inerte, la matière n'est que par son activité, dont les divers modes s'appellent propriétés, puissances ou forces. Une force, c'est la matière même agissant par une de ses propriétés ; la matière est la substance même des forces.

Cette vue réhabilite la matière, jusque-là si méprisée, si ravalée au profit d'une certaine classe de substances spirituelles qu'il fallait bien imaginer pour expliquer tous les phénomènes actifs. La matière réduite à une masse inerte, ne pouvant rien sur elle-même ni par elle-même, n'avait d'autre propriété que de subir l'action de ces êtres hypothétiques appelés forces, principes vitaux, esprits ; tandis qu'en fait ces êtres ne sont qu'une abstraction des propriétés actives inhérentes à la matière, inséparables d'elle, et qui sont toutes conditions et bases les unes des autres, suivant une gradation dont la série des êtres marque le progrès depuis le caillou jusqu'à l'homme. Il convient donc de reléguer le puéril mépris de la matière parmi les naïvetés de la connaissance spontanée ; mais il faut en même temps lui rendre ses vrais attributs et la concevoir dans toute sa puissance et sa complexité.

THÉORIE ATOMIQUE.

Les observations précédentes, quelque incomplètes qu'elles soient, nous permettent d'apprécier une métaphysique fort ancienne sur l'être des choses, la théorie atomique ou moléculaire, que la science moderne a rajeunie.

La divisibilité mécanique des corps, leur circulation continuelle, la persistance de leurs éléments, l'impossibilité d'une création et d'un anéantissement, l'existence du plein et du vide et la nécessité de concevoir quelque chose qui les différencie, toutes ces considérations, telles qu'on les trouve développées dans le premier livre de Lucrèce, devaient logiquement conduire à supposer une matière compacte, inaltérable, éternelle, divisée en masses très petites et douées de mouvement. Pour Épicure, les atomes sont essentiellement actifs et non point indifférents; c'est là un premier trait de lumière sur la nature vraie de la matière, mais Épicure n'a pas une pleine conscience de cette idée féconde. Il est évident qu'à ses yeux l'atome est massif en même temps qu'actif; il conçoit le plein, non comme une force résistante, mais comme une masse, et dans l'atome actif cette masse est mise en mouvement par elle-même, elle vainc sa propre inertie. L'identité n'est pas complètement aperçue entre la substance matérielle et la force. De là résulte qu'il ne conçoit pas d'autre action au monde que le déplacement et qu'ainsi le seul mode de mouvement pour lui est celui que la physique nous a révélé et dont nous trouvons le type dans les actes de notre propre force musculaire. Aussi sa théorie ne peut-elle atteindre au delà du premier degré des phénomènes de l'activité, au delà de la mécanique ; et toutes les applications qu'il en fait aux degrés supérieurs, objets de la chimie et de la physiologie, sont vaines et stériles. Ce qui a creusé un si profond abîme entre l'esprit et la matière, c'est cette opinion téméraire que la matière, masse inerte, n'est capable que d'une espèce de modifications, l'étendue, la figure et le déplacement. Dès lors, en effet, il n'en pouvait rien sortir qui ressemblât à la vie physiologique et morale, modes d'activité tout différents. Mais aujourd'hui la réflexion nous a fait analyser nos sensations dans leur essence même, et nous apprend à séparer ce qui, dans la sensation, est nous-même, le *subjectif*, de ce qui exprime le phénomène extérieur par lequel nous sommes impressionné, *l'objectif*. Si donc il est vrai que la matière ne nous cause que des sensations étendues, figurées et sujettes à des déplacements, il n'est pas moins vrai que ces sensations peuvent être des signes fort insuffisants des actes intimes de l'objet extérieur. Nous avons constaté, en effet, que les affinités et la vie, qui ne peuvent s'exprimer dans notre sensibilité que par des signes physiques tels que la figure et le déplacement, ne nous livrent rien de leur nature spécifique et nous laissent concevoir des modes d'activité propres à la matière, dont nous ne saurions nous former aucune image.

La théorie moléculaire de la science moderne se fonde sur des données beaucoup plus positives que celle de l'antiquité ; elle n'est point issue des spéculations abstraites sur le plein et le vide, mais d'une synthèse des lois expérimentales.

Les différents corps sous un même volume n'ont pas tous le même poids; on en a conclu qu'ils ne sont pas également massifs et que par conséquent ils ne sont pas faits de matière continue, car on ne concevrait pas que la matière continue pesât inégalement sous des volumes égaux. On supposa donc que la pesanteur se manifeste par une multitude d'actions distinctes et égales dont la résultante peut varier dans un même corps selon son volume et dans les corps différents, de même volume, selon le nombre des composantes élémentaires agissant en chacun d'eux. Cette hypothèse d'éléments pondéraux, égaux et distincts, trouvait la confirmation dans l'expérience qui démontre que tous les corps tombent également vite dans le vide, car cette égalité de vitesse s'explique très bien en admettant que la pesanteur agit par des sollicitations égales et indépendantes.

En chimie, d'autre part, on découvrit que, dans toutes les combinaisons et décompositions des corps, la manifestation physique de leur poids reste constamment la même et qu'ainsi le jeu des affinités laisse aux actions de la pesanteur toute leur indépendance. Quelques modifications chimiques que puissent subir les corps, leur poids ne perd ni ne gagne. Mais la réciproque n'est pas vraie : on reconnut que l'affinité varie avec les poids; que les modifications chimiques sont subordonnées à des conditions constantes de poids, c'est-à-dire que les corps ne se combinent entre eux qu'en proportions pondérales définies. On constata ainsi entre l'affinité et la pesanteur une relation telle que les propriétés chimiques d'un corps dépendent de sa composition centésimale. En conséquence, on admet que l'élément ou atome chimique est constitué, dans les corps simples, par une molécule matérielle d'un poids élémentaire, et, dans les corps composés, par une molécule matérielle formée des molécules agrégées de plusieurs corps simples dont les poids élémentaires sont soumis entre eux à des rapports fixes et s'ajoutent nécessairement pour faire le poids de la molécule composée. Ce sont encore, dans la pensée du savant moderne, de petites masses pesantes qui représentent le substratum des phénomènes physiques et chimiques. Cette conception, mieux fondée que la théorie antique, parce qu'elle s'appuie sur l'expérience, n'est pas moins viciée par une métaphysique grossière. Le savant, il est vrai, se défend de toute prétention métaphysique, mais on ne peut penser sans une certaine métaphysique, et quand on se borne à celle de la connaissance spontanée, qui est la pire de toutes, on s'imagine qu'on n'en fait aucune. Parler d'un corps, c'est faire de la métaphysique, c'est concevoir, malgré soi, par une nécessité de l'intelligence, qui s'impose aux sensations, un fond reliant les propriétés séparément perçues par nos divers sens, et rattachant les différentes causes extérieures des sensations à quelque principe déterminant l'unité des groupes appelés corps. Mais ce principe est conçu plus ou moins naïvement, selon le degré de réflexion, et le savant en est encore à donner pour principe d'unité aux propriétés chimiques une masse étendue. Qu'une chose extérieure à nous et inétendue produise en nous une sensation étendue, comme une couleur, il n'y a rien là qui surprenne le philosophe habitué par la réflexion à distinguer toujours le subjectif de l'objectif ; il sait que la sensation c'est nous-même dans un certain état qui n'est que le signe de l'objet extérieur et peut ne point participer de toute son essence ; mais, pour la plupart des hommes, rien n'est plus absurde. Une matière inétendue paraît inintelligible au savant, parce que la matière ne lui semble pouvoir être sentie qu'étendue : comme si une chose pouvait rester, en tant que sentie, ce qu'elle est réellement ; comme si être senti, ce n'était pas aliéner sa propre nature, la compliquer de la nature de ce qui sent.

La théorie atomique nous semble donc introduire dans la science une fausse idée de l'être des choses en nous représentant la matière comme substantiellement massive. En outre, chaque molécule étant une masse et non une pure manifestation d'activité, la matière est supposée par cela même substantiellement divisée ; il y a autant de substances minimes que de molécules. Cette conséquence est grave. De ce que la matière est perçue par groupes distincts de sensations, il ne s'ensuit pas qu'il y ait autant de substances individuelles que de groupes sentis, car les sensations groupées peuvent naître d'actes distincts d'une substance unique : il suffit même que nous constations des relations entre ces groupes pour pouvoir affirmer qu'ils ont entre eux quelque fond commun, un substratum unique, aucune communication n'étant concevable qu'à cette condition.

Mais, pour ne pas trancher cette importante question par une considération toute spéculative, voyons si, au point de vue de la science positive, cette hypothèse d'une division de la matière en unités substantielles n'offre pas d'inconvénients.

Quand on admet, comme il est prudent de le faire, que les groupes de sensations perçues sont seulement des unités phénoménales, on peut admettre aussi que toute unité nouvelle naissant du rapprochement d'autres unités est une manifestation d'activité qui se produit à l'occasion de celles-ci sans en être nécessairement une *résultante*. La substance unique manifeste une nouvelle propriété, latente jusque-là, dans les circonstances favorables créées par le rapprochement, mais cette propriété préexistait en puissance. Dans la théorie atomique, au contraire, cette propriété n'est qu'une *résultante* et ne saurait être autre chose; l'unité nouvelle ne naît pas seulement à l'occasion des unités mises en présence dans le creuset, elle en est le composé. Prenons un exemple pour fixer les idées : voici deux unités, le soufre et le fer : si ces deux unités sont substantielles, le sulfure de fer est nécessairement leur somme, ses propriétés ne peuvent être que des résultantes des propriétés du soufre et de celles du fer, car il n'entre dans sa formation que ces deux substances individuelles, il ne peut donc rien s'y trouver qui n'en sorte. Les corps, dans cette hypothèse, sont substantiellement des masses pesantes distinctes, le poids mesure exactement la quantité de matière, et puisqu'il est le même après la combinaison qu'il était avant, c'est que rien ne s'est introduit dans l'unité nouvelle sinon les unités primitives; elle est bien réellement un composé. Si, au contraire, les deux unités, soufre et fer, sont seulement phénoménales, le sulfure de fer n'est pas nécessairement leur somme, il peut n'être qu'une manifestation nouvelle sollicitée par elle dans la substance unique. Comparons les deux hypothèses.

La dernière a d'abord pour elle de ne pas outrepasser arbitrairement les données expérimentales; nous ne percevons que les phénomènes, et il est clair que rien n'autorise à conclure du groupement des sensations à la division de la substance active qui les cause, pas plus que nous n'avons le droit de supposer trois individus dans un homme dont se manifestent à nous la pensée, la sensibilité et la volonté. Elle a pour elle encore de répondre mieux à l'idée que nous nous faisons naturellement de l'homogénéité des composés; nous concevons le sulfure de fer avec toutes ses propriétés spécifiques sous un poids quelconque, aussi réduit qu'un poids quelconque de fer ou de soufre. Dans la théorie atomique, la molécule de sulfure de fer, *c'est-à-dire la partie ultime qu'on ne pourrait diviser sans détruire ce corps*, pèse nécessairement plus et est plus étendue que la molécule ou partie ultime du fer ou du soufre, résultat singulier; mais une répugnance à croire n'est pas une objection, nous n'insistons pas sur ce point. Cette théorie impose une conséquence plus difficile à admettre. Les propriétés du composé ne sont, d'après elle, que des résultantes et ne sauraient être chose. Or qu'est-ce qu'une résultante? Une résultante est **nécessairement de même nature que ses composantes**, elle n'est que leur somme en quelque sorte personnifiée; elle ne peut produire que des effets de même nature que les effets produits par ses composantes, et même ses effets doivent impliquer celui que chacune d'elles eût produit en agissant seule; enfin les composantes doivent être toutes de même nature, sinon leur somme, qui est la résultante même, serait impossible. Si donc tous les corps sont des résultantes de molécules groupées, il faut que toutes les catégories de la nature soient impliquées dans chaque molécule, que toutes les espèces d'activité physiques, chimiques, vitales, morales s'y trouvent contenues à un certain degré; le monde est tout entier dans chaque molécule, et toutes sont de même nature, puisqu'elles se suppléent perpétuellement comme composantes dans leur circulation sans fin d'un corps à l'autre. Cette conséquence, à vrai dire, ne manque pas de grandeur, mais les atomistes modernes ne sont-ils pas un peu surpris de reproduire forcément l'homœomérie antique dans toute son étrangeté? Ils ne peuvent y échapper qu'en se jetant dans le système d'Épicure qui borne les propriétés de la molécule à la solidité, à la figure et au mouvement ; c'est avec cela qu'il leur faut expliquer le monde. C'est assez, en effet, pour expliquer les phénomènes mécaniques, mais tous les phénomènes sont-ils réductibles à l'essence tactile? Aux tendances qui s'accusent de plus en plus dans nos théories scientifiques, on serait tenté de le croire. Nous avons remarqué déjà que toute la physique marche à une synthèse purement mécanique. La chimie suit la même pente ; voici que les vues de Newton sur l'affinité, oubliées longtemps comme une extension téméraire de sa grande découverte astronomique, trouvent une sanction inattendue dans les plus récents travaux de nos chimistes. Sainte-Claire Deville, par sa théorie de la dissociation qui assimile la décomposition au phénomène de la tension des vapeurs, et Mayer par sa conception du choc des molécules qui résout l'affinité dans un travail mécanique, semblent bien préparer la fusion des phénomènes chimiques et physiques. Toutefois cette fusion est loin d'être opérée encore, et la propriété chimique échappe à toute formule mathématique ; ce qu'on a seulement établi, c'est l'extrême importance des conditions physiques où elle se manifeste ; on pourra même arriver à mesurer l'affinité par la chaleur ; mais il n'est pas du tout certain que l'affinité puisse être réductible à l'agent physique.

En chimie organique, la théorie moléculaire commence en effet à rencontrer d'assez grandes difficultés. Les corps organiques se révèlent à nous comme des unités en quelque sorte plus riches, plus variées que les corps inorganiques ; à mesure qu'on approche des unités vivantes, es produits accusent, pour nos sens du moins, une essence plus délicate et plus avancée. On s'attend à y rencontrer des principes constituants plus nombreux ou un principe propre plus important, mais soumis à l'analyse, ces produits se résolvent en carbone, azote, oxygène et hydrogène; leurs innombrables différences doivent donc, dans la théorie atomique, s'expliquer toutes par les proportions pondérales et les dispositions relatives diverses des molécules de ces corps élémentaires. Bien que, dans un système mécanique, l'addition ou la suppression d'une composante puisse produire de graves perturbations, il faut avouer néanmoins que les révolutions totales apportées dans les propriétés des composés organiques par la perte ou l'acquisition d'une molécule et par le changement présumé d'orientation des molécules sont bien surprenantes. Il se peut même que la composition centésimale de deux corps soit identique, et que leurs propriétés chimiques soient différentes, comme nous le voyons pour les corps isomères, et dans ce cas il faut admettre que l'orientation seule rend compte de toutes leurs différences. La chose n'est pas impossible, mais quand on crée des hypothèses on peut se préoccuper de la vraisemblance et mettre en doute des simplifications si merveilleuses, qui n'ont pas encore leur formule mathématique, et dont l'expérience ne donne aucune vérification certaine, car de ce que l'affinité est modifiée par l'orientation il ne s'ensuit pas nécessairement qu'elle en soit une résultante. Il se peut, en effet, qu'une disposition nouvelle apporte des conditions favorables à la manifestation de propriétés qui, loin d'être créées par ces conditions, préexistaient et les attendaient pour se révéler. Dans cette opinion, la seule qui s'en tienne aux données de l'expérience, il n'y a de constatable que des unités phénoménales servant de conditions à d'autres unités phénoménales et les déterminant à se manifester. Dès lors les rapports de poids et de situation apparaissent comme des conditions du développement de l'affinité, non comme constituant l'affinité même. Rien n'est moins paradoxal. Nous avons maint exemple d'actions de présence analogues ; telles sont en effet les catalyses, les fermentations dans lesquelles certains corps n'agissent que par leur influence sur d'autres pour déterminer la manifestation d'affinités latentes. Il est visible alors que le corps catalytique a joué simplement le rôle de condition et non celui de composante. Les affinités mises en liberté ne sont ni les siennes, ni des résultantes des siennes. Il est tout aussi rationnel d'admettre que, dans la combinaison ordinaire, les corps, unités phénoménales mises en présence, agissent par une influence de ce genre pour favoriser le développement de l'unité phénoménale qui sera le corps nouveau ; seulement, dans le cas de fermentation ou de catalyse, les éléments qui provoquent l'unité nouvelle restent en dehors d'elle, tandis que dans ce dernier cas, ils y sont impliqués.

L'analyse chimique, poussée aussi loin que possible, ne nous livre pas les éléments d'un corps tels qu'ils y existaient au moment même où ils le constituaient ; par cela seul qu'elle est obligée de détruire l'unité du corps, elle peut provoquer des formations ultérieures qui ne représentent pas du tout la composition réelle du corps et que nous prendrions à tort pour ses éléments constitutifs. En somme, analyser un *corps*, c'est le *détruire*, et c'est par conséquent laisser échapper le principe même de son unité pour ne mettre en évidence que les résultats de cette destruction. Or ces résultats sont des matériaux que l'analyse a pu dénaturer et qui, loin de former l'essence même du corps, ne font sans doute que poser les conditions où elle peut apparaître et se développer. Synthétiser, c'est simplement rétablir ces conditions.

En résumé, pour ce qui regarde la chimie, nous croyons qu'il serait encore téméraire d'affirmer qu'il n'existe pas de propriété chimique distincte ; nous inclinons plutôt à penser qu'il en existe une se manifestant dans certaines *conditions physiques*, mais n'étant pas la résultante de ces conditions. Que si l'on arrivait à démontrer que l'affinité est réductible à l'ordre des phénomènes tactiles, la question de la division de substance resterait à résoudre pour les autres espèces de phénomènes perceptibles : des atomes substantiellement distincts et animés de puissances purement mécaniques de même nature que notre force musculaire, peuvent-ils rendre compte des faits de la vie végétative, sensible, consciente, intellectuelle ? C'est ce que nous allons examiner.

Si l'on définit la vie par la nutrition et la génération seulement, abstraction faite de toute sensibilité, on la considère comme un simple mouvement périodique et continu, et l'on peut admettre que la propriété vitale de la molécule n'est, en dernière analyse, qu'une puissance de se mouvoir. Toutes les fonctions de l'organisme peuvent alors s'expliquer par une composition de mouvements opérée dans des circonstances favorables. Il est vrai que la vie ainsi définie n'est applicable qu'au règne végétal, mais dans cette mesure, l'explication peut se soutenir. Les objections tirées de la complexité des phénomènes vitaux, et de leur périodicité, sont sans valeur contre ce système, parce que la combinaison de forces continues et éternelles peut produire l'un et l'autre de ces effets. On ne peut objecter non plus la part immense qu'il fait au hasard en supposant une constante coïncidence de toutes les circonstances favorables; la science n'admet point le hasard, qui est simplement l'inconnu, et en outre, les propriétés n'étant à ses yeux que des relations fixes entre les êtres, les relations sont éternellement établies par la seule constance des propriétés. L'ordre universel est impliqué dans chaque propriété, il est donc superflu de chercher hors des essences individuelles une constitution souveraine de leurs rapports; quant à la raison de ces rapports, à leur pourquoi, c'est une question sur laquelle la science expérimentale peut refuser de répondre, parce qu'elle ne prétend pas la résoudre. Or, en fait, la naissance par genèse (aux dépens d'un blastème dont les matériaux s'unissent, sans dérivation directe des éléments ambiants), peut être, à la manière des cristallisations, un mouvement résultant. La naissance par reproduction dans laquelle les éléments formés se présentent identiques ou analogues aux éléments dont ils sortent, peut elle-même, malgré son caractère plus complexe, n'être encore qu'un mouvement périodique résultant. La segmentation et le cloisonnement des cellules ne sont après tout que des mouvements. La cellule même est le premier arrangement perceptible à nos yeux, mais beaucoup d'autres ont pu précéder celui-là, comme beaucoup d'autres le suivent. Cette série de formes peut bien être attribuée aux dispsoitions primitives et aux propriétés combinées des molécules, depuis le système rudimentaire de deux ou trois d'entre elles, jusqu'à l'organisation des innombrables molécules qui figurent le corps humain ; et cela sans addition d'aucun principe organisateur distinct des molécules et agissant pour les disposer.

Nous n'avons, jusque-là, aucun argument péremptoire à opposer à cette doctrine, car la vie n'y est définie que par la nutrition et la génération, c'est-à-dire en somme, par figure et mouvement, toutes choses qui peuvent être des résultantes. Mais toute vie n'est pas comprise dans cette définition. La vie de relation qui implique la sensibilité à un degré quelconque semble incompatible avec la théorie moléculaire. Elle n'est plus réductible à une composition de mouvements inconscients, elle ne paraît pas pouvoir être une résultante de phénomènes qui ne sont pas de même nature qu'elle. Ici nous puisons une objection très scientifique dans la véritable notion de résultante, telle que nous l'avons posée plus haut. S'il n'y a ni sensibilité, ni pensée, ni volonté, dans l'atome, aucun de ces phénomènes moraux ne peut sortir d'un groupement d'atomes. Et à supposer que l'atome fût doué de ces facultés, même à l'état rudimentaire, toute difficulté ne serait pas aplanie. En effet, les phénomènes moraux impliquant *tous unité et indivisibilité substantielles*, comme nous le révèle la conscience qui est l'expérience interne, aucun d'eux ne peut résulter de l'action multiple et divisée de plusieurs êtres. On conçoit bien que deux êtres sentent et pensent de même simultanément, il y a deux sensations, deux pensées distinctes, mais on ne conçoit pas qu'il y ait une seule et même sensation, une seule et même pensée pour deux consciences. Dès qu'on accepte le fait de la sensation et qu'on y fonde la science entière, il faut l'accepter dans ce qu'il contient, dans tout ce que l'esprit y aperçoit. Or l'esprit aperçoit l'indivisibilité subjective de ce phénomène aussi clairement que sa portée objective. On n'a pas le droit de se fier à sa signification objective touchant l'existence du mnode extérieur, et de douter de sa valeur subjective touchant l'identité une et indivisible du moi, identité qui s'y trouve évidemment contenue.

Mais, avant de pénétrer dans l'ordre nouveau des faits de conscience et d'interpréter les données de l'expérience interne, résumons le témoignage de l'expérience externe sur l'être des choses.

TÉMOIGNAGE DE L'EXPÉRIENCE EXTERNE SUR LA SUBSTANCE.

La notion de matière, telle qu'elle se forme instinctivement dans la connaissance spontanée, par l'usage irréfléchi des sens, est purement illusoire, et loin de nous révéler la nature vraie de l'être extérieur qui impressionne nos sens, nous induit à la confondre avec les sensations mêmes. Cette notion, suffisante pour guider l'homme dans la satisfaction de ses besoins essentiels, semble appropriée aux nécessités de sa condition physique ; elle n'est pour lui qu'un moyen de conservation. A ce titre, elle devient tellement habituelle et inhérente à la façon d'interpréter le monde extérieur qu'il n'est pas aisé de la rectifier et que les illusions dont elle est cause sont souvent alléguées comme des vérités de bon sens. Quand l'esprit passe de la connaissance spontanée à la connaissance réfléchie, c'est-à-dire lorsque, prenant conscience de ses actes intellectuels et commençant à critiquer sa propre fonction, il distingue l'objectif du subjectif et tente de l'en séparer, la science naît et peu à peu dissipe les mirages de la sensation. Alors la matière, l'être extérieur dont nos sens reçoivent l'impression, apparaît sous un jour nouveau. Cet être n'était concevable que comme une chose massive, inerte, de substance étendue et compacte, subissant aveuglément des impulsions que l'esprit rapportait à des êtres distincts d'elle et personnifiés par l'imagination sous les noms de force, vie, âme, divinité ; la matière désormais dépouille ses apparences grossières, se révèle active, capable de puissance, et les moteurs qu'on plaçait hors d'elle sont rendus à son essence propre sous le nom de propriétés. Mais là ne se borne pas le progrès de l'analyse. La conception d'une masse douée de propriétés actives ne satisfait bientôt plus l'esprit réfléchi. Ces deux termes, masses et activité propre, lui semblent contradictoires, il atteint à la notion plus haute, plus large, de l'être actif sans mélange d'éléments sensibles tels que l'étendue subjective et la masse. Il renonce dès lors à imaginer la matière, parce qu'imaginer, c'est nécessairement subjectiver, c'est voir la chose à travers soi-même et non en elle-même, c'est y mêler du moi. L'esprit se contente donc de la concevoir, c'est-à-dire de constater son existence, sa faculté de produire tels effets sensibles, et d'en découvrir les lois, en se gardant de chercher dans les effets la représentation de leur cause. La pure conception de la matière est donc bien différente de son image. Ceux qui s'arrêtent à l'image de la matière, à son apparence sensible, s'en font une idée erronée et grossière ; ils lui attribuent des qualités qui ne sont que les formes de leur propre sensibilité, les signes de la matière en eux ; et, parce que l'homme, en effet, ne peut rien voir que sous un signe étendu, rien toucher que sous un signe solide d'apparence passive, ils prêtent ces attributs tout subjectifs à ce qu'ils voient et touchent. Est-ce à dire qu'il n'y ait rien dans le monde extérieur qui corresponde à l'étendue subjective et à la solidité ? Nous n'allons point jusque-là : aux rapports de position qui constituent la figure, aux rapports tactiles qui font le volume résistant, correspondent, nous n'en doutons pas, des rapports extérieurs, mais des rapports absolument inimaginables au moyen de l'étendue et de la masse, telles que nous les trouvons dans notre sensibilité. Une représentation quelconque de la matière dans l'esprit est illusoire et exclut nécessairement de l'essence matérielle tout ce qui n'est pas réductible à la figure et à l'inertie, c'est-à-dire tous les attributs de la vie, de la pensée et de la volonté.

Ceux, au contraire, qui se bornent à concevoir l'être extérieur, abstraction faite de toute image, n'ont aucun motif raisonnable de scinder cet être extérieur en deux substances, matière et esprit, plutôt qu'en mille. Ils ne se croient pas autorisés à rattacher les divers ordres de phénomènes à autant de substances distinctes. Ils ne se sentent même pas en état d'affirmer qu'il y ait dans le monde perceptible des substances distinctes, car tout se lie et se tient solidairement dans nos perceptions ; nous ne percevons rien d'isolé, rien qui soit entièrement séparé du reste des choses. La pensée est subordonnée à l'organisme, puisque les affections physiques influent sur elle ; l'organisme n'est pas indépendant de la pensée, puisque toutes les fonctions ne sont pas instinctives, que plusieurs sont mises en train par la volonté, et que les affections morales peuvent modifier la santé. Il suffit que ces relations réciproques soient constatées pour qu'on puisse affirmer l'existence de quelque fond commun à l'organisme et à la pensée.

L'expérience externe, soumise à l'analyse réfléchie, ne nous apporte donc aucune distinction radicale des êtres considérés dans leur substance.

Elle ne constate ni matière ni esprit, dans le sens vulgaire de ces mots ; elle fait concevoir seulement un tout indivisible qui se manifeste par des groupes de phénomènes d'ordre différents. Ces groupes divers supposent dans le tout des propriétés ou puissances et forces diverses leur conférant l'unité. Autant d'unités ainsi formées, autant d'individualités auxquelles nous donnons des noms. La connaissance spontanée, par un travail instinctif de nos fonctions sensibles et intellectuelles, nous révèle immédiatement les plus utiles à notre conservation, elle n'est qu'un degré supérieur de l'instinct des bêtes et vise le même but. La réflexion analyse ensuite ces unités, en sépare le subjectif de l'objectif, et fait le premier triage du moi et du monde extérieur, fondement et condition de la science.

Voyons maintenant si l'expérience interne confirme ou non ces résultats ; examinons ce qu'elle peut nous apprendre à son tour sur l'être des choses.

EXPÉRIENCE INTERNE.

Nous venons de voir que nous ne pouvons fonder sur le seul témoignage des sens aucune distinction de substance entre les êtres. Nous ne percevons pas l'être extérieur lui-même, mais ses signes en nous; or les signes, ou groupes de sensations, se distinguent bien les uns des autres par de constants rapports intrinsèques leur conférant l'unité, mais nous ne pouvons conclure de cette unité toute phénoménale à l'unité substantielle, et admettre autant de substances individuelles que nous constatons par les sens de groupes sensibles individuels.

Si toutefois nous sommes portés à le faire, si instinctivement nous attribuons à ces groupes sensibles des principes d'unité distincts que nous appelons matière, force, vie, âme, c'est que la connaissance spontanée ne s'opère pas tout entière par le seul fonctionnement des sens, mais qu'il se mêle au témoignage de ceux-ci des données d'une autre source, qui est la conscience.

Toute notion d'unité vient de la conscience, et toutes les idées de force, de vie, d'âme, que nous attachons aux groupes sensibles, ne sont que des applications au monde extérieur des données de la conscience. Ces applications sont-elles légitimes? Le sont-elles toutes? Et dans quelle mesure? La valeur des doctrines spiritualistes dépend tout entière de ces questions.

Il y a une conscience spontanée et une conscience

réfléchie, c'est-à-dire que l'esprit peut faire retour sur les témoignages de la conscience comme sur ceux des sens, et séparer là aussi l'objectif du subjectif.

Tout homme prononce « moi » spontanément, dès qu'il sent quelque intérêt à se distinguer des autres êtres, mais peu d'hommes sont capables de descendre en eux-mêmes, de considérer *ce moi et de chercher à s'en faire une idée.* La conscience réfléchie ne se borne pas à sentir le moi, elle le pense. Elle n'est pas, à vrai dire, une faculté spéciale de l'intelligence, elle n'est qu'une application particulière de la réflexion prenant pour objet l'être affecté et le distinguant de ses affections.

Ce que la conscience réfléchie nous révèle de notre être contient tout ce que nous pouvons savoir de l'être des choses extérieures qui impressionnent nos sens, car, à coup sûr, nous n'atteignons pas mieux cet être que le nôtre. Si même l'être des choses extérieures ne nous est pas absolument étranger et inconnu, c'est précisément parce qu'il communique avec le nôtre, et nous ne connaissons de l'un que ce qu'il a de commun avec l'autre. On voit combien une exacte analyse de l'acte de conscience est importante ; il y va de tout ce que nous pouvons savoir d'ontologie. C'est, à la vérité, bien peu.

Il est certain d'abord que l'homme ne sait pas ce qu'il est en substance ; quand il dit « moi », il constate l'existence de son être, son unité individuelle et identique sous la variété de ses modifications ; mais il n'aperçoit pas sa nature intime ; sinon, il n'aurait pas besoin d'étudier sa propre essence par expérience et de constituer une psychologie, il connaîtrait *à priori* par intuition directe tous les modes de son activité. Nous croyons en effet qu'il n'y a pas d'aperception immédiate interne, mais que la conscience du moi ne naît qu'à l'occasion de quelque affection de notre être : sensation, sentiment, désir, pensée ; nous pouvons nous apercevoir sentant, désirant, pensant, mais non point dans notre substance, indépendamment de toute modification de nous-même. On s'imagine qu'on aperçoit immédiatement l'être du moi, parce qu'on abstrait les perceptions de conscience comme toutes les autres, et qu'ainsi l'on conçoit l'activité du moi après en avoir perçu les divers actes ; mais cette conception, postérieure ou, tout au plus, simultanée, n'est jamais, selon nous, antérieure à la perception de ces actes et n'en est jamais indépendante. L'être du moi est pour l'esprit qui l'étudie un inconnu objectif au même titre que les choses extérieures.

TÉMOIGNAGE DE L'EXPÉRIENCE INTERNE SUR LA SUBSTANCE.

La conscience nous révèle donc que notre personne est une, indivisible, identique, et par cela même très distincte de toute autre essence ; mais elle constate aussi que notre personne est, dans son activité multiple, subordonnée à d'innombrables conditions extérieures; elle ne l'aperçoit pas comme isolée dans l'univers, mais, bien au contraire, comme soutenant une infinité de rapports avec le monde extérieur. Nous n'éprouvons pas, en effet, dans notre être, une seule affection qui n'implique une communication avec ce monde ; nous y percevons son intrusion, sa présence, car sentir, être affecté, c'est par cela même n'être plus indépendant, c'est constater plus ou moins explicitement *autre chose* que soi. Toute la difficulté de la connaissance consiste précisément à démêler, dans ce dualisme de toute affection, l'objectif du subjectif, la chose pensée de l'organisme pensant. Ces questions, dépourvues de sens pour les esprits qui n'ont encore connu que spontanément ou à peu près, sont très familières à ceux qui se sont occupés de l'origine et de la véracité des idées ; nous ne nous adressons qu'à ces derniers.

La conscience, tout en posant notre personne, reconnaît que cette personne est en relation avec ce qui n'est pas elle, qu'elle fait partie d'un milieu où elle a ses racines, et que par conséquent elle a quelque élément commun avec le reste de l'univers, sans quoi toute communication avec lui serait impossible. Comment concilier la personnalité, l'individualité avec la communication qui suppose un fond impersonnel et universel? Problème redoutable, que la conscience pose sans être compétente pour le résoudre, puisqu'il implique la nature de l'être qu'elle n'atteint jamais. On voit combien la distinction des substances, impossible à établir d'après les seules données de l'expérience externe, demeure incertaine quand on s'adresse à l'expérience interne.

MATÉRIALISME ET SPIRITUALISME.

Au point où nous en sommes de notre analyse, nous rencontrons le nœud de toutes les querelles des matérialistes et spiritualistes sur l'être de l'homme et de l'univers.

En effet, il s'agit de savoir si la conscience en révélant le moi conduit à la connaissance d'un être distinct de l'être déjà manifesté à l'expérience externe, ou si, au contraire, la conscience ne fournit qu'un moyen de plus d'interroger celui-ci, et d'en constater certaines modifications, dites psychiques ou morales, que les sens ne sont pas organisés pour atteindre. Il n'y aurait alors qu'un seul être se révélant à nous par des modifications différentes, les unes accessibles aux sens et constituant le monde physique, les autres accessibles à la seule conscience, formant le monde moral dont le théâtre est le moi.

Les matérialistes et les spiritualistes tranchent la question par de pures hypothèses qui violent les données de l'observation.

Les spiritualistes, considérant la perception du moi, un et indivisible, par la conscience comme la révélation immédiate d'un être propre, distinct en substance de tous les autres, séparent profondément le monde moral du monde physique, l'âme du corps. Ils se condamnent ainsi à rendre, non seulement insoluble, mais encore inconcevable, la communication manifeste de ces deux mondes, leur subordination réciproque. S'ils n'ont rien de commun, ils ne peuvent soutenir aucune relation, et s'ils ont quelque chose de commun, ce milieu qui les unit est impliqué dans l'un et dans l'autre à la fois, et ils ne sont pas substantiellement distincts. Les spiritualistes sont très intéressés à maintenir la fausse conception d'une matière brute, inerte et massive, parce qu'elle les autorise à distinguer cette matière de l'élément moral de l'essence humaine. Mais, à mesure qu'ils avilissent davantage le monde physique, le corps, ils sont plus embarrassés de ses relations avec l'âme.

Les matérialistes ont un intérêt tout contraire. La conscience, pour eux, ne fait que révéler l'unité d'un ensemble de phénomènes, non accessibles aux sens, il est vrai, mais ne relevant pas d'une substance distincte de celle qui tombe sous les sens et qui est la matière. La matière a des effets que les sens perçoivent et d'autres qui se manifestent à la seule conscience, laquelle n'est elle-même qu'une fonction de l'organisme, une résultante des actions combinées de la matière, au même titre que les autres fonctions de l'économie. Tout s'explique, à leurs yeux, par une systématisation d'éléments matériels. Il leur importe évidemment de contester tout fait de conscience qui créerait un abîme entre le monde moral et le monde physique. Aussi admettent-ils que toute idée prend son origine dans les sensations, qui sont liées à l'impression, laquelle est un effet immédiat de la matière. Le mysticisme leur est odieux, car il se donne pour une intuition qui s'affranchit du secours des sens, qui a un autre objet que la matière. La métaphysique leur semble une ambitieuse vanité, parce qu'elle prétend régir la science de l'univers par des concepts absolus, antérieurs, comme loi de la pensée, à la perception, irréductibles aux données sensibles. Ils n'ont aucune raison pour tenter une distinction de substance, la matière leur suffit ; mais ils s'efforcent de réprimer les hautes prétentions de l'esprit métaphysique, puisqu'il faut que l'esprit même s'explique tout entier par la matière.

Ni l'une ni l'autre de ces deux opinions extrêmes sur la nature de l'être ne nous satisfait.

Nous venons de le constater : on ne sait rien de l'être, par quelque voie qu'on essaye de le pénétrer ; toute distinction de substances est donc hypothétique et téméraire, faute de données sérieuses. Conclure de l'unité personnelle du moi, révélée par la conscience, à une unité substantielle du moi distincte et indépendante, comme font les spiritualistes, c'est analyser incomplètement l'acte de conscience, c'est isoler absolument le moi du reste du monde, c'est, dans tous les cas, prononcer sur ce qu'on ignore.

D'autre part, admettre, comme le font les matérialistes, que les phénomènes moraux sont avec les phénomènes physiques dans un rapport tel que les uns naissent des autres par production, composition ou transformation d'éléments de même substance, c'est affirmer sans preuves. L'expérience nous montre bien que toute modification apportée au corps a son retentissement dans l'état moral du moi, et que réciproquement le corps se ressent de toutes les affections du moi. Mais l'expérience n'a jamais démontré que ces deux unités, le corps et le moi, puissent convertir mutuellement les uns dans les autres les phénomènes qui les caractérisent. Oui, le monde des sensations, des idées et des sentiments, se développe à mesure que le monde des phénomènes physiologiques se développe; il y a, sans aucun doute, dépendance et connexité, mais il n'est nullement prouvé qu'il y ait jamais transformation d'un ordre de phénomènes dans l'autre. Si les matérialistes ne faisaient point de métaphysique, s'ils se bornaient à prétendre que des phénomènes physiques sont accompagnés de phénomènes moraux selon une loi constante, on ne le leur contesterait pas; mais quand ils veulent expliquer cette relation en identifiant le principe du moi au principe du corps, on ne peut le leur accorder. Tel état physiologique *détermine* tel état moral, c'est incontestable, mais il n'est pas démontré que le premier *produise* le second. La différence entre déterminer et produire est capitale : produire, c'est fournir les matériaux de la chose qui naît ; déterminer, c'est simplement fournir les conditions de la naissance. Qu'on y prenne garde : un être ne *produit* que soi sous une autre forme, il reste le sujet du phénomène qu'il produit, mais il peut *déterminer* dans un autre sujet un changement d'état, ce qui n'est nullement l'y produire. Que divers états du cerveau déterminent la naissance de diverses idées, d'accord, mais que ces états produisent les idées, c'est ce qui n'a jamais été prouvé.

Les spiritualistes sont certainement fondés à soutenir que les phénomènes moraux n'ont pas leur principe dans les phénomènes physiques, bien qu'ils y aient leurs conditions, mais les matérialistes ont raison d'affirmer que rien n'autorise à distinguer en substance le monde moral du monde physique. Voilà ce qu'il faut retenir des deux doctrines.

NI MATÉRIALISME, NI SPIRITUALISME.

Nous sommes, quant à nous, porté à penser que ces deux ordres de phénomènes sont irréductibles l'un à l'autre, en tant qu'ils relèvent de deux modes distincts de l'être universel ; mais nous croyons qu'ils trouvent l'un et l'autre dans cet être unique et commun, hors duquel il n'y a pas de relation possible entre les mondes, leur fondement et leur principe respectifs. On ne peut dire que l'âme soit issue du corps, mais l'âme et le corps, ou plutôt l'ensemble des phénomènes moraux et celui des phénomènes physiologiques, peuvent être deux manifestations de la substance unique, où gît profondément la loi de leurs mutuels rapports. Si l'on cherche leur lien dans la sphère circonscrite où ils se manifestent à l'expérience externe et interne, on ne le trouvera pas. Le lien commun de toutes les unités que nous percevons, de l'âme et du corps, et de toutes choses, c'est l'Etre universel, c'est ce que nous appellerions Dieu, si ce mot n'éveillait dans les esprits autant d'idées différentes qu'il y a de degrés à l'éducation de la pensée.

Dans cette conception qui, remarquons-le bien,

ne prétend pas être un système, mais une simple conjecture, une sorte de préliminaires de conciliation entre les données de l'expérience externe et celles de l'expérience interne, on donne provisoirement audience à toutes les aspirations de l'esprit humain, depuis l'idéalisme jusqu'au positivisme. Ce ne sont pas en effet les aspirations qui sont incompatibles, ce sont leurs formules étroites et exclusives, ce sont les systèmes. Le mysticisme voudrait prouver positivement qu'il y a un monde moral distinct et supérieur, et la science exacte avoue le caractère mystérieux de la vie et de la pensée. Mais, quand il s'agit de constituer ces tendances intellectuelles en doctrines, chacun nie instinctivement ce qui l'embarrasse. Nous ne proposons pas de compromis entre ces deux systèmes, ce serait, pour le moment du moins, exiger de part et d'autre un sacrifice de convictions sincères, mais nous conjurons les deux camps de ne point creuser arbitrairement entre eux une tranchée infranchissable, comme si le rapprochement devait être à jamais impossible. Rien de plus arbitraire en effet que l'hypothèse de la matière, telle qu'elle se définit dans les théories scientifiques ; et rien de moins légitime que la prétention du spiritualisme à scinder l'homme en deux substances dont la relation devient inintelligible. Nous croyons que pour sortir de l'impasse où aboutissent ces contradictions gratuites, il faudrait poser les armes, faire trêve et se rejoindre tous au même degré de réflexion sur les notions acquises. D'une part, on relèverait la matière du mépris puéril des spiritualistes, en établissant qu'elle est une essence active, qu'elle a un fond commun avec l'essence morale comme le prouve la transmission du mouvement par la pensée à la volonté et par celle-ci à la puissance nerveuse. D'autre part, tout en accordant aux matérialistes l'impossibilité actuelle d'une distinction de substances et la mutuelle connexité des phénomènes physiques et moraux, on n'affirmerait pas jusqu'à preuve contraire que les premiers produisent les seconds.

Le mieux serait sans doute de bannir des discussions philosophiques les mots *matière* et *esprit* en tant qu'ils désignent des substances, et de les employer seulement pour désigner deux ordres évidemment distincts de phénomènes. L'étude expérimentale de ces phénomènes, sans opinion préconçue touchant leur substratum, un ou multiple, rectifierait bien des idées fausses nées du sens traditionnel, aujourd'hui suranné, de ces mots. On arriverait bientôt à reconnaître que l'abîme qui séparait ces choses n'était qu'une lacune de la science, leur incompatibilité une apparente contradiction de deux analyses incomplètes, opérées à des degrés inégaux de réflexion. Plus d'un philosophe sérieux, sincère, conviendra qu'il n'a pas des idées suffisamment nettes sur les objets de la dispute ; c'est à l'élucidation de ces idées qu'il nous importe de travailler tous, au lieu de nous quereller pour des solutions définitives qui ne seront pas mûres de longtemps. Le désaccord cessera peu à peu, à mesure que la réflexion, retardée par les vocabulaires et les systèmes qui immobilisent la pensée, se portera librement de toutes parts sur les mêmes données expérimentales.

PRINCIPE DE LA CURIOSITÉ.

Nous avons établi, au début de cette étude, que l'homme ne croit pas avoir achevé la science d'une chose tant qu'il n'a pas obtenu de réponse à ces trois questions ? Qu'est-elle ? Comment s'est-elle produite ? Pourquoi est-elle ? Son intelligence n'est pas satisfaite s'il ne connaît l'être et la raison d'être de l'objet.

Nous venons de voir qu'elle ne le sera jamais complètement en ce qui concerne la nature intime, la substance des objets et que, jusqu'à présent, elle n'est pas même en état de prononcer sur leur distinction substantielle, bien qu'elle les perçoive comme des groupes distincts de phénomènes.

Quant aux autres questions touchant la cause, les conditions et le but de tout objet, nous avons aussi à nous demander dans quelle mesure elles sont légitimes et solubles.

Remarquons d'abord qu'elles se posent à l'occasion et sur les données de l'expérience externe, mais qu'elles ne sont pas imposées par celle-ci. Nous ne percevons en effet que la contiguïté, la succession ou la simultanéité de nos sensations ; tout ce que nous pouvons en conclure, c'est que tels groupes de sensations sont toujours précédés, accompagnés ou suivis de tels autres, mais il n'en résulte en aucune façon qu'ils soient raison d'être, c'est-à-dire cause et fin les uns des autres. Aucune idée de puissance ni de communication de mouvement ne peut sortir de la seule coordination de nos sensations, si l'expérience interne ne puise dans les forces qui constituent notre propre activité les types des moteurs extérieurs du monde perçu. De là les concepts de la cause, du comment et du pourquoi des objets, de là le mouvement de curiosité. Nous avons maintenant à examiner ce fait ; pour nous rendre compte de la portée et de la légitimité des questions que nous adressons à la nature.

C'est tout d'abord un fait bien remarquable, quoique trop habituel pour être frappant, que ce fait seul de la curiosité. D'où vient que chaque objet perçu est pour nous un problème ? En vertu de quel besoin, de quelle exigence de l'esprit, la perception que nous en avons nous semble-t-elle incomplète ? Voici un arbre, d'où vient que notre esprit outrepasse la perception de cet arbre, ne s'en contente pas, sent de l'inconnu, interroge et demande l'origine, la manière d'être et le but de cet objet. Il est clair que l'esprit serait hors d'état de poser ces questions dont les termes ne lui sont pas fournis par l'expérience externe, par la perception seule de l'objet, si déjà les notions d'origine, de cause, de moyen et de fin, n'existaient en lui, acquises ou innées, avant qu'il interrogeât. Et si nous allons au fond de toute interrogation, quelle quelle soit, nous trouvons qu'elle implique toujours un premier terme abstrait ou prédicat indéterminé, et un second terme ou sujet qui ne sera spécifié que par une détermination du prédicat. Ainsi, l'arbre que voilà est le sujet qui ne paraît pas suffisamment spécifié tant qu'on ignore d'où il vient, comment il est organisé, à quelle fin il existe ;

et il s'agit de déterminer son origine, son mode d'être et sa fin, les trois termes que l'esprit conçoit comme spécifiant cet arbre. De là, trois questions posées sous la forme : d'où vient cet arbre? comment est-il? pourquoi est-il? c'est-à-dire à quelle fin?

LOIS DE LA CURIOSITÉ.

Cette analyse fournit les données d'une théorie de la curiosité que nous ne pouvons développer ici ; nous n'en présentons que les résultats principaux.

En premier lieu : une question n'est *fondée* que si le prédicat convient au sujet, si une détermination du premier est de nature à spécifier le second, condition qui n'est pas toujours facilement appréciable. Demander, par exemple, où est la pensée, ne sera pas une question fondée, s'il n'est pas préalablement prouvé que la pensée est susceptible de localisation, si ses rapports avec l'espace sont inconnus.

En second lieu : une question posée n'est *rendue soluble* que si les données fournissent un système de rapports s'impliquant tous et impliquant à la fois le sujet et la détermination du prédicat supposée connue. Les rapports doivent s'impliquer tous, car ils concourent tous à la spécification du sujet, et par conséquent ils coexistent en lui et par lui ; ils sont liés entre eux par l'unité même de son essence. Le problème, de quelque nature qu'il soit, doit, en un mot, pouvoir *être mis en équation*.

La première de ces règles est évidente, la seconde, pressentie par tout logicien, ne se pourrait démontrer rigoureusement sans excéder les bornes d'un simple aperçu.

Or ces règles sont toujours exactement observées dans les sciences positives, mathématiques ou expérimentales ; elles sont constamment violées dans les sciences philosophiques.

Dans les sciences mathématiques, le terme indéterminé, le prédicat, convient toujours au sujet, car l'idée en est toujours impliquée dans la définition du sujet. Dans un problème quelconque de mathématiques, l'inconnue est une grandeur de même nature que les données.

Dans les sciences naturelles, la méthode consiste à observer des faits, puis à en dégager des lois qui expriment ce qu'ils ont de commun et de constant ; la curiosité procède donc par une simple constatation, par la simple question : qu'existe-t-il ? laquelle ne suppose dans l'esprit que la notion d'existence.

Puis la découverte des propriétés générales ou lois permet de poser d'autres questions dont le prédicat est précisément une de ces lois et le sujet un phénomène qu'elle régit. On reconnaît, par exemple, que tous les corps sont pesants, et dès lors on est capable de poser une question de plus sur un corps donné, à savoir : que pèse-t-il ?

Ainsi l'observation et l'expérience constatent des faits, l'abstraction en dégage des rapports constants que l'induction applique à tous les autres faits non expérimentés, mais considérés dans des conditions identiques. En suivant une pareille méthode, on ne risque jamais de poser une question mal fondée ; en effet, le prédicat ne peut pas ne pas convenir au sujet, puisqu'on a procédé par l'observation et l'induction pour établir avant tout la convenance du premier avec le second ; on ne cherche donc pas une détermination du prédicat avant de savoir par une enquête préalable s'il convient au sujet.

La seconde règle, la règle de solubilité, est appliquée avec la même rigueur que la première dans les sciences positives. En mathématiques, c'est manifeste ; l'algèbre en fait foi, et à cause de la simplicité des données qui sont abstraites, l'application de la règle y apparaît dans toute son exactitude ; l'équation exprime un jugement porté sur des grandeurs, mais le principe de la mise en équation s'étend à des données quelconques ; seulement l'égalité entre grandeurs est remplacée par une identité de rapports d'une catégorie différente.

C'est ce qui a lieu dans les sciences naturelles ; chaque problème particulier n'est soluble qu'aux mêmes conditions : il faut que les données fournies, soit par la définition, soit par l'expérience, soit par l'hypothèse, présentent une série de rapports impliquant la détermination cherchée et formant avec elle une unité qui les lie tous entre eux. La solution du problème général de la nature est soumise à la même règle, seulement les données sont les lois partielles découvertes. Quand des lois distinctes ont été bien établies, on s'efforce de découvrir des rapports nouveaux qui les relient et les identifient dans une nouvelle loi supérieure. Le problème du monde reste insoluble tant que les lois partielles découvertes qui en sont les données n'arrivent pas à concorder, tant qu'il existe des lacunes dans la série des rapports constants qui rattachent tous les phénomènes ; et la science ne travaille qu'à remplir peu à peu ces vides, à renouer ces solutions de continuité, en cherchant l'identification des lois connues. Les hypothèses sont en quelque sorte des ponts jetés provisoirement d'une loi partielle à l'autre, et elles servent de lien provisoire jusqu'à ce qu'elles soient vérifiées et deviennent lois, ou soient supplantées par la découverte de la vraie loi. Ainsi la série interrompue et indéfinie des rapports tend à se renouer et à se clore : l'œuvre de la science consiste à en compléter les termes pour en faire la somme.

La plupart des philosophes ont dédaigné jusqu'à présent cette méthode lente et sûre. Ils ont prétendu interroger le monde avant de l'avoir analysé, et cette présomption les a toujours égarés. Oubliant ou ignorant que, pour poser une question légitime sur une chose quelconque, il faut que les termes de cette question soient tirés de l'analyse de la chose même, ils se sont exposés à soulever des questions absurdes. Et, comme ils négligent tous les rapports que l'expérience seule peut révéler, ils manquent de données concordantes pour poser une équation quelconque où la vraie solution puisse être impliquée.

Leur illusion est facile à mettre en lumière. Ils ont puisé dans l'expérience interne certaines notions qui conviennent à l'essence humaine, et arbitrairement ils en font les prédicats des questions qu'ils adressent à chaque chose et au tout. Ainsi, l'activité volontaire dont l'homme est doué suppose une initiative ou mise en train de sa puissance, et une intention, une direction et un but assignés à cette puissance. De là les idées d'ordre providentiel, de cause première et de finalité. Ils appliquent les attributs de leur propre essence, l'économie de leur propre vie à l'univers entier. Mais cette application est-elle légitime ? Les questions qu'ils adressent au monde sont-elles fondées ? Cela revient à demander si tout est humain dans l'univers, car à cette condition seulement elles seront légitimes. Les savants se gardent tous les jours davantage de toute présomption à cet égard. Ils interrogent à mesure que leurs questions sont légitimées par les données empiriques fournissant les prédicats, et ils ne tentent la solution que lorsque les données deviennent assez nombreuses pour concorder. Ils ne disent pas *à priori*: « Nous avons à connaître la cause et la fin du monde », mais ils disent ; « Qu'y a-t-il à connaître au monde pour l'esprit humain ? » Ils commencent donc par observer sans définir d'avance l'objet de leur recherche, sans savoir dans quelle direction ils seront entraînés par les faits. Cette méthode est prudente, elle est infaillible.

DOMAINE ET LIMITES DE LA CONNAISSANCE HUMAINE.

La science, du reste, malgré la supériorité de sa méthode, ne peut, non plus que la philosophie, espérer d'étendre ses conquêtes au delà d'un domaine relativement restreint dont l'essence humaine, qui est bornée, donne exactement la mesure. Nous l'avons remarqué en effet, l'homme, pour connaître, doit communiquer avec l'objet, c'est-à-dire avoir quelque chose de commun avec lui ; il doit donc participer de sa nature, il n'en connaît même que ce en quoi il participe de sa nature. Supposons donc l'essence humaine analysée et faisons un tableau de tous les attributs irréductibles à l'analyse qui la composent : sensibilité, pensée, volonté, force musculaire, étendue, mouvement, nombre, etc. Nous aurons précisément la liste des seules catégories de l'être que l'homme puisse connaître, en un mot le monde *intelligible* à l'homme, monde qui n'est peut-être qu'une très minime partie de l'univers.

L'homme ne perçoit que les essences analogues par quelque élément de la sienne. Toutes les fois que nous percevons un objet par nos moyens d'observation, nous sommes certain que les attributs que nous en percevons ont leurs analogues dans notre essence; c'est la condition même de toute perception. Mais nous pouvons très bien nous méprendre sur le degré d'analogie de l'objet avec notre essence, et supposer, par exemple, qu'il veut parce qu'il se meut, bien qu'on puisse douter que tout mouvement implique volonté. Telle est la tendance des enfants, telle est celle des peuples naissants: ils attribuent sans discernement toute l'essence humaine à tous les objets qu'ils voient agir. Une juste attribution, une exacte appréciation de leur analogie, exige une analyse des données de la conscience et de l'expérience dont ils sont encore incapables. Plus grave encore est l'erreur des philosophes, lorsqu'ils attribuent, non pas à l'objet qu'ils perçoivent, mais à l'univers entier qui échappe à leur perception et qui renferme sans doute des catégories absolument étrangères à l'essence humaine, les qualités mêmes de cette essence.

Nous demandons à tout objet perçu, sa cause, sa fin, son moment et son lieu, et ces idées d'origine, de but, de temps et d'espace, ne sont, avons-nous dit, que des abstractions des propres conditions de notre nature active, révélée par la conscience. Or les *axiomes* expriment simplement que tout objet perçu est soumis aux mêmes conditions, et il y est soumis précisément parce qu'il est perçu et qu'à ce titre il participe de notre essence qui le perçoit. Ainsi, quand nous percevons un mouvement, un phénomène, nous ne pouvons le concevoir sans l'assimiler à nos actes volontaires qui ont une cause, une destination, un moment, un lieu, et leur substratum en nous ; nous disons donc : tout phénomène suppose une substance, une cause, un but, un espace et un temps. Tous nos groupes de sensation sont assujettis à ces conditions qui sont les seuls axiomes. Nous n'appelons pas de ce nom les jugements premiers et évidents qui résultent de l'analyse même de l'objet et qui n'en sont, au fond, que la définition. Deux quantités égales à une troisième sont égales entre elles, parce que, par définition, deux quantités sont égales quand elles ont une même mesure, laquelle peut être l'une d'elles ou une troisième. La seule analyse de l'idée d'égalité fournit l'idée de mesure et par suite l'expression de l'égalité par la mesure ; ce n'est point un axiome. Il y a, dans l'axiome proprement dit, attribution faite à l'objet d'un élément qui n'y est pas manifesté par l'analyse ; et cet élément, puisé, selon nous, dans notre propre essence, nous l'attribuons à l'objet perçu parce qu'il ne serait pas perceptible s'il ne participait de notre essence. Nous jugeons les choses en tant qu'elles sont humaines et selon le degré où elles le sont. Un être intelligent qui n'aurait pas la volonté serait incapable de sentir pour l'objet perçu la nécessité d'une cause et d'une fin, et un être intelligent doué de modes d'activité dont nous sommes dépourvus soumettrait à un plus grand nombre d'axiomes tout ce qui tomberait sous sa perception. Aussi croyons-nous qu'il faut user des axiomes avec discernement; ils ne sont applicables que dans la sphère de nos perceptions et perdent toute autorité, lorsque, par une extension illégitime, nous les transportons du domaine de nos perceptions à l'univers entier.

Quant aux idées absolues (le nécessaire, l'infini, l'inconditionnel, le parfait), on les considère souvent comme dépassant dans leur objet l'essence humaine et la sphère de l'expérience. Nous avons des réserves à faire sur ce point.

Remarquons qu'elles ne posent aucune catégorie qui ne soit impliquée dans l'essence humaine : substance, relation, qualité, quantité, nous ne trouvons rien de plus dans ces idées et tout cela est dans l'homme. L'homme n'en imagine pas d'autres, parce qu'il ne peut rien imaginer hors de ses propres catégories, mais rien ne prouve que celles-ci soient les seules. Le nombre et la nature de nos idées absolues sont donc déterminés par le nombre et la nature de nos catégories essentielles.

Pour ce qui est de leur formation, nous croyons qu'elles naissent de notre réflexion sur le caractère de notre activité intellectuelle. Voici comment nous l'entendons. Nous constatons que toutes nos catégories essentielles : être, relation, qualité, quantité, sont limitées et dépendantes, en un mot *déterminées* ; vivre c'est le constater, car nous ne vivons que par le secours d'un milieu qui nous borne. Nous sentons que nous ne nous suffisons pas, que nous ne sommes pas par nous-même. En outre, tous les objets extérieurs dont l'existence est liée et nécessaire à la nôtre nous apparaissent également déterminés par d'autres objets ; nous ne percevons que le relatif, le fini et le contingent, si loin que nous poussions la série de nos expériences dans chacune des catégories : être, relation, qualité, quantité. Ainsi, d'une part, nous existons et ne pourrions exister par nous-même, et d'autre part les choses que nous percevons successivement existent et ne pourraient non plus exister par elles-mêmes. Mais si, au lieu de nous arrêter à nous-mêmes et à chaque terme successivement perçu hors de nous dans chaque catégorie, nous considérons immédiatement l'ensemble de tous les termes, il est clair que nous ne concevrons pas cet ensemble comme étant relatif et fini; il faut bien qu'il soit par lui-même, car il existe et, ne laissant rien hors de lui, il ne peut être déterminé à l'existence par aucune autre chose. Nos propres catégories peuvent donc prendre un caractère absolu, quand elles sont envisagées dans l'ensemble des termes qui s'y rapportent. Ainsi, tout phénomène est impliqué dans un substratum, lequel est lui-même un mode plus ou moins médiat de la substance qui est en dernière analyse le fond de toute réalité et à ce titre ne saurait exister que par elle-même; une grandeur finie est limitée par une grandeur de même nature, et celle-ci par une autre, en d'autres termes ce qui est borné n'est que partie par définition même; or la somme de toutes les parties, et la grandeur totale qui n'étant point portion n'est plus limitée, est infinie; tout fait a d'autres faits pour conditions, tout acte est produit par une cause, mais le système complet de tous les faits et de tous les actes ne dépend plus que des rapports qu'il implique, c'est-à-dire de sa propre essence, il est absolu; enfin tout ce qui progresse est imparfait, mais la somme conçue de tous les degrés progressifs constitue l'idéal qui est la perfection. Nous voyons donc comment toutes nos catégories, être, quantité, relation, qualité, deviennent absolues, dès que nous considérons en chacune d'elles l'ensemble des déterminations qu'elle comporte, en un mot *son tout*. Mais nous pouvons aller plus loin et concevoir, sans les imaginer, toutes les catégories de l'univers, y compris celles qui, n'étant pas les nôtres, ne nous sont pas connues; nous pouvons concevoir le tout de chacune, c'est-à-dire son absolu, et enfin la somme des absolus ou le Grand Tout. Mais remarquons bien que cette conception est d'ailleurs complètement creuse, elle n'est qu'une idée du savoir possible, l'activité de notre esprit fonctionnant à vide sous sa propre réflexion. Spontanément nous ne concevons pas, nous ne faisons que percevoir avec le sentiment de la limitation et de la dépendance de notre être à l'égard des autres et de ceux-ci à l'égard d'autres encore; mais la réflexion s'attachant, non plus aux actes successifs de la fonction de percevoir, mais au caractère illimité de son exercice, fait la somme de sa puissance et non de ses opérations accomplies. Par suite, elle dépasse la portée de la perception et se borne à concevoir.

Telle est, selon nous, l'origine des idées absolues sur lesquelles toute métaphysique est fondée. Nous n'entreprendrons pas d'en faire ici la discussion complète, nous sommes convaincu que la réflexion des esprits est plus inégale sur ce sujet que sur tout autre, et nous n'avons certes pas la présomption de croire que nous l'ayons approfondi autant qu'il doit l'être.

Nous avons d'ailleurs voulu, dans cette préface, indiquer seulement les causes de la diversité des opinions, l'état de la pensée philosophique, et la nécessité de ne rien conclure avant que l'analyse ait été conduite avec plus d'entente et beaucoup plus avant. Nous ne nous reconnaissons ni la maturité d'esprit nécessaire pour arrêter une doctrine, ni surtout l'autorité qu'il faudrait pour lui donner du poids. Notre but serait pleinement atteint, si nos observations pouvaient donner à penser aux matérialistes et aux spiritualistes et faire sentir à tous qu'au point où en sont les connaissances humaines, un système ontologique est prématuré. Ces observations, nous les résumons en quelques lignes pour les mettre mieux en relief et les dégager de tous nos aperçus secondaires et plus contestables.

RÉCAPITULATION.

L'homme perçoit, c'est-à-dire que ses sensations forment des groupes ou des unités, et il juge, c'est-à-dire qu'il affirme des rapports entre ces unités ou entre les éléments d'une même unité. Il perçoit et juge spontanément, sans avoir conscience de la fonction intellectuelle qu'il exerce, jusqu'à une certaine limite à partir de laquelle il commence à réfléchir. La réflexion consiste en un retour conscient de la pensée sur son acte et elle commence lorsque la curiosité est plus exigeante que l'esprit n'a d'intelligence instinctive. La réflexion a pour résultat une direction voulue de la pensée, une méthode, par suite, une analyse plus profonde des éléments contenus dans les unités spontanées; et enfin une vue plus exacte des rapports impliqués dans les données de la sensibilité. Les unités spontanément perçues ne peuvent être que *désignées* elles ne se *définissent* que par la science progressive de leurs rapports intrinsèques et extrinsèques. Les définitions sont donc, pour un même objet, fort différentes selon la science de ces rapports, elles sont donc subordonnées à l'état de la connaissance réfléchie. Un même objet est donc susceptible d'autant de significations dans les divers esprits qu'il y a en eux de degrés différents de réflexion. Telle est, en dehors des mobiles passionnels, la cause intellectuelle de la diversité des opinions.

La curiosité a pour principes : 1º l'expérience interne qui nous révèle notre existence, notre activité et ses modes, en un mot les catégories de notre être; 2º les axiomes, c'est-à-dire la conviction que chacune de ces catégories est applicable à tout objet perçu, en tant qu'il participe de notre essence comme perçu. Nous ne pouvons connaître de l'objet que ce par quoi il est en communication avec nous, ses déterminations dans les catégories qui sont précisément les nôtres. Notre science ne peut donc excéder la connaissance de nos catégories appliquées à nos perceptions. Tel est le domaine, telle est la limite du savoir de l'homme.

Toute application de nos propres catégories à l'univers entier est arbitraire et n'offre aucun caractère scientifique.

La nature active de notre esprit, son initiative lui permet de ne point s'arrêter à chaque terme de la série de ses perceptions; il peut, par réflexion sur sa fonction même, dépasser toute perception et considérer comme accomplie son œuvre successive, mais dès lors il cesse de percevoir, et conçoit ; il conçoit le Tout dans l'absolu. Telle est son opération métaphysique ; il ne peut affirmer du Tout qu'une vérité, c'est qu'il existe par lui-même, vérité qui n'est point transcendante, mais qui découle de la définition du Tout. Du reste nous ignorons complètement les catégories du Tout, hormis celles qu'implique notre propre essence ; la métaphysique ne peut donc faire aucun progrès, elle est toute dans une seule idée qui est son principe et son terme : l'être par soi. L'histoire prouve suffisamment qu'elle n'a jamais fait un pas de plus. Les métaphysiciens et les théologiens ont, sous toutes les formes, transporté les catégories humaines à l'être par soi.

Ce qui fait le succès de la méthode scientifique et son incontestable supériorité, c'est que par l'observation et l'expérience elle prend connaissance de l'objet, elle constate son existence et ce qu'il a de perceptible, avant de lui adresser aucune question présupposant en lui des catégories qui peuvent n'y pas être ; elle ne prend pour prédicats de ses questions que les idées générales qu'elle a d'abord abstraites des données empiriques ; ainsi les questions qu'elle pose sont toujours fondées, tandis que la métaphysique a trop souvent présumé qu'elle était en droit d'adresser à l'univers entier les mêmes questions de causalité, d'origine et de fin, qu'on peut adresser à l'essence humaine ou à toute essence composée de catégories impliquées dans l'homme.

La science tend chaque jour à se défier de l'emploi des axiomes philosophiques de causalité, de substantialité, de finalité, parce qu'ils ne sont applicables qu'aux objets dont l'essence est assimilable à l'essence humaine, et que cette assimilation est toujours périlleuse. Elle s'en tient, pour principes, à des propositions analytiques très claires par la simplicité du rapport qu'elles expriment, comme : la partie est plus grande que le tout ; deux quantités égales à une troisième sont égales entre elles; deux et deux font quatre; la ligne droite est le plus court chemin d'un point à un autre; propositions qu'elle nomme aussi axiomes, mais qui n'en sont point, car elles sont réductibles à un jugement analytique et ne diffèrent de tout autre jugement que par la simplicité qui les rend immédiatement intelligibles. Elle se contente d'observer comment un phénomène est déterminé par d'autres qui le précèdent ou l'accompagnent, quelles sont ses conditions d'existence et non plus quelles sont ses causes, car elle a reconnu que les prétendues causes étaient simplement elles-mêmes des phénomènes déterminés et non point des puissances particulières capables de se déterminer à l'action pour modifier leur milieu, comme paraît le faire notre propre activité d'où nous tirons l'idée de cause. La science abandonne aussi peu à peu l'axiome de finalité, elle conçoit l'ordre du monde comme un équilibre résultant subséquemment de la concurrence et de l'opposition des forces, mais non plus comme une harmonie préétablie en vue de laquelle les forces auraient été mesurées et proportionnées; étant données des forces quelconques, n'agissant que pour agir, pour persévérer respectivement dans leur essence, de leur rencontre résultera nécessairement un système, soit équilibré, soit en voie d'équilibre, qui ne différera en rien d'un système prémédité dont les forces auraient été calculées pour l'harmonie obtenue, car dans les deux cas l'équilibre ou l'ordre n'existera qu'aux mêmes conditions; donc, pour connaître les rapports qui constituent l'état actuel du monde, ces rapports étant identiques dans l'une ou l'autre hypothèse, il est superflu d'introduire dans une pareille recherche la préoccupation d'une fin; la fin ne serait utile à l'étude des rapports que si elle pouvait être connue avant eux, chose impossible puisqu'elle ne se définit que par eux. La fin nous est utile pour juger nos actes volontaires, parce que nous la posons nous-même avant d'agir, et nous jugeons nos actes par leur conformité à la fin voulue, mais ceux qui nous voient agir ne la connaissent que par l'accomplissement de nos actes, et n'en eussions-nous prémédité aucune, ils nous attribueraient un dessein quelconque d'après le résultat de notre action, toute machinale qu'elle serait. Nous sommes des spectateurs semblables en face de la nature, observons ce qu'elle fait, mais ne préjugeons pas qu'elle l'a voulu.

Quant à l'axiome de substantialité, la science n'y a pas encore renoncé malgré son aversion marquée pour la métaphysique ; elle parle encore de matière, de masse, de molécules, et s'attarde ainsi dans des conceptions surannées, illusions de la connaissance spontanée qu'elle a pour mission de faire tomber en substituant partout des rapports aux entités fictives. Nous avons essayé de montrer que ni l'expérience externe ni l'expérience interne ne sont en état de résoudre le problème de la substance. Il leur est impossible d'en attester la division : l'individualité conçue comme une distinction de substances aboutit à la négation de toute relation entre les individus, faute d'un fond commun à tous; or, si l'expérience nous apprend quelque chose de certain, c'est qu'il existe des relations entre toutes les choses que nous percevons. Mais d'autre part comment concilier la conscience avec l'universalité de la substance? Nous pouvons très bien ne pas être capables de résoudre cette difficulté, sans être pour cela en droit de la déclarer insoluble; mais nous ne sommes certainement pas en droit de la trancher contre le témoignage de l'expérience. Sachons plutôt ne pas savoir, ce n'est pas la moindre vertu du vrai philosophe. Le plus sûr est de différer la conclusion et de réfléchir longtemps encore. Toutefois, entendons par réfléchir, non pas concentrer indéfiniment nos facultés sur les mêmes questions toujours posées de la même manière, mais au contraire multiplier incessamment les données de l'expérience externe et interne en les analysant toujours davantage, et saisir ainsi des rapports de plus en plus essentiels à l'objet, afin d'améliorer nos définitions. Peut-être arriverons-nous ainsi à nous comprendre, à exercer en commun nos forces sur les mêmes points, et à donner quelque fondement incontesté à la philosophie. Alors seulement la recherche sur l'être des choses et leur raison d'être, au lieu de recommencer dans chaque esprit, à chaque génération, pourra léguer des résultats admis et se continuer de siècle en siècle, ce qui sera le signe certain de son organisation scientifique.

1869.

LUCRÈCE

DE LA NATURE DES CHOSES

LIVRE PREMIER.

Mère des fils d'Énée, ô volupté des Dieux
Et des hommes, Vénus, sous les astres des cieux
Qui vont, tu peuples tout : l'onde où court le navire,
Le sol fécond ; par toi tout être qui respire
Germe, se dresse et voit le soleil radieux !
Tu parais, les vents fuient, et les sombres nuages ;
Le champ des mers te rit ; fertile en beaux ouvrages,
La terre épand les fleurs suaves sous tes pieds,
Le jour immense éclate aux cieux pacifiés !
Dès qu'avril apparaît, et qu'enflé de jeunesse

Le fécondant Zéphire a forcé sa prison,
Ta vertu frappe au cœur les oiseaux, ô Déesse,
Leur bande aérienne annonce ta saison ;
Le sauvage troupeau bondit dans l'herbe épaisse
Et fend l'onde à la nage, et tout être vivant
A ta grâce enchaîné brûle en te poursuivant.
C'est toi qui par les mers, les torrents, les montagnes,
Les bois peuplés de nids et les vertes campagnes,
Plantant au cœur de tous l'amour cher et puissant,
Les pousses d'âge en âge à propager leur sang !
Le monde ne connaît, Vénus, que ton empire ;
Rien sans toi, rien n'éclôt aux régions du jour,
Nul n'inspire sans toi, ni ne ressent d'amour !
A ton divin concours dans mon œuvre j'aspire !
Je veux à Memmius parler de l'Univers,
A notre Memmius que, prodigue et constante,
Orna de tous les dons ta faveur éclatante !
Donne, ô Vénus, la grâce éternelle à mes vers !

Mais, pendant que je chante, et sur mer et sur terre
Endors et fais tomber la fureur de la guerre :
Tu peux, seule, aux mortels donner la douce paix.
Mars, le Dieu tout armé de la guerre farouche,
Quand l'amour l'a vaincu, sur ton sein jette et couche

Son cœur blessé du mal qui ne guérit jamais ;
Tes *genoux pour coussin*, dans un regard de flamme,
Béant vers toi, d'amour il se repaît les yeux,
Et, renversé, suspend à tes lèvres son âme !
Lorsqu'il repose ainsi sur ton corps glorieux,
  Presse-le comme une onde, et que ta voix le charme
Et le prie, et, propice aux Romains, le désarme !
  Mon chant, quand la patrie est dans de mauvais jours,
Se trouble, et Memmius ne peut, en pleine alarme,
Frustrer l'espoir public d'un illustre secours !
Les Dieux, de leur nature, entière par soi-même,
Sont immortels, heureux dans une paix suprême,
Loin des choses de l'homme et bien plus haut que nous ;
Nos périls, nos douleurs ne leur sont pas communes ;
Sans nul besoin de nous, maîtres de leurs fortunes,
Ils sont indifférents, sans grâce ni courroux.

  Apprête ton génie, et d'une libre oreille
A loisir, Memmius, entends la vérité ;
Ce gage de mon zèle et ce fruit de ma veille,
Ne les dédaigne pas sans m'avoir écouté.
  Je vais dire des Dieux les principes suprêmes
Et sonder la Nature en ces éléments mêmes
Dont les corps sont créés, vivifiés, nourris,

Où, par la mort dissous, retournent leurs débris.
Retiens qu'en mes leçons les mots *matière* ou *germe*,
Ou *corps générateur*, désignent l'élément ;
Le nom de *corps premier* tous les trois les renferme,
Car il marque à la fois cause et commencement.

L'homme traînait sa vie abjecte et malheureuse,
Sous le genou pesant de la Religion
Qui, des hauteurs du ciel penchant sa tête affreuse,
Le tenait dans l'horreur de son obsession.
Un Grec fut le premier qui, redressant la face,
Affronta le fantôme avec des yeux mortels.
Foudre, ni ciel tonnant, ni prestige d'autels
Ne l'ébranle, et d'un cœur qu'enhardit la menace
Il brûle de forcer pour la première fois
Le temple où la Nature enserre et clôt ses lois.
Son héroïque ardeur triomphe, et, vagabonde,
L'entraîne par delà les murs flambants du monde ;
Son âme et sa pensée explorent l'infini ;
Il en revient vainqueur : il sait ce qui peut naître,
Ce qui ne le peut pas, du pouvoir de chaque être
Les bornes, et son terme à son fond même uni.
Sur la Religion un pied vengeur se pose,
L'écrase ; et sa victoire est notre apothéose !

Tu crains, dans mes leçons, de te voir entraîné
Par la raison sans culte au noir chemin des crimes.
Ah! la Religion fait plutôt des victimes;
Et d'un culte odieux le sacrilège est né!

Des Grecs, au port d'Aulis, l'élite réunie,
Les rois, pour conjurer la Vierge-aux-Carrefours,
Souillent l'infâme autel du sang d'Iphigénie.
Sur ses tempes déjà flottent les blancs atours
Suspendus au bandeau qu'à son front on attache.
Elle voit là son père immobile d'horreur,
Le couteau que le prêtre à ce malheureux cache,
Les larmes que sa vue à tout le peuple arrache,
Et sent fuir ses genoux, muette de terreur.
La misérable! En vain c'est elle la première
Qui fit entendre au roi le nom sacré de père :
On la saisit tremblante, on la traîne à l'autel,
Non pour voir accomplir le rite solennel
Et par l'hymen brillant s'en retourner suivie,
Mais, nubile, offrant pure au fer honteux sa vie,
Tomber, victime en pleurs qu'un père sacrifie
Pour le départ heureux et sûr de ses vaisseaux..
Tant la Religion put conseiller de maux!

Vaincu par tous les vieux et terribles mensonges
Que t'ont faits les devins, tu te gares de moi;

Car combien n'ont-ils pas imaginé de songes
Qui pussent, de la vie abolissant la loi,
Bouleverser ton sort tout entier par l'effroi !

Ah ! que si, reniant sa sainte extravagance,
L'homme avait bien la foi que ses maux finiront,
Des devins menaçants il vaincrait l'arrogance !
Mais, ignorant, sans force, il baisse encor le front,
Car il craint dans la mort une éternelle peine :
Que sait-il, en effet, de l'âme et de son sort ?
L'âme est-elle l'aînée ou la contemporaine
De la vie, ou dissoute avec nous par la mort ?
Au gouffre de Pluton dans la nuit descend-elle ?
Un dieu la souffle-t-il en mainte chair nouvelle ?
Comme autrefois l'a dit Ennius, qui ravit
A l'Hélicon charmant la verdure immortelle,
La première qu'autour d'un front latin l'on vit !
Mais ses vers d'éternelle et haute renommée,
Peignant l'Achéron noir, en ont peuplé les bords
De spectres sans couleur d'une essence innommée,
Ombre qui n'est point l'âme et qui n'est plus le corps.
Et c'est là qu'il a vu la figure d'Homère,
Toujours jeune, surgir et de tristesse amère
Fondre en pleurs, puis ouvrir la Nature à ses yeux.

Mais avant de sonder et d'expliquer les cieux,
Le soleil et la lune et la loi qui les mène,
Les forces de la terre et ses créations,
C'est nous qu'il faut d'abord que nous interrogions.
Qu'est donc la vie en nous ? Qu'est-ce que l'âme humaine ?
Quand des objets, le jour, ont frappé nos cerveaux,
Pourquoi se dressent-ils dans la fièvre ou le somme ?
Qui de nous n'a pas cru revoir, entendre un homme
Dont la terre enserrait depuis longtemps les os ?
Je sens bien que des Grecs les recherches obscures
Ne peuvent par mes vers luire d'un jour plus beau ;
J'ai dû même innover des mots et des figures,
Car notre langue est pauvre et le sujet nouveau.
Mais ta vertu, l'espoir d'une amitié suave,
M'allègent le fardeau que la fatigue aggrave ;
L'amitié, m'éveillant dans le calme des nuits,
Me dictera le mot, l'accent qui devant l'âme
Allume et fait courir une brillante flamme
Dont l'inconnu s'éclaire en ses profonds réduits.
Pour dissiper l'horreur de notre nuit profonde,
Le soleil ne peut rien, ni le jour éclatant ;
Mais la Nature parle et la Raison l'entend !

Et voici le principe où la raison se fonde :

Rien n'est jamais sorti du néant par les Dieux.
Que si l'humanité tremble dans l'épouvante,
C'est qu'à l'œuvre infini de la terre et des cieux
L'homme cherche une cause ; elle échappe à ses yeux,
Et la force divine est celle qu'il invente.
Mais quand nous aurons vu que rien n'éclôt de rien,
Nous marcherons guidés au but qui nous appelle,
Nous saurons de quel fond, par quel secret moyen,
Tout prend l'être et se meut sans que nul Dieu s'en mêle.

 Que le néant engendre et les êtres divers
Naissent tous l'un de l'autre, et tout leur est semence.
Dès lors la race humaine au sein des mers commence,
Le poisson naît du sol, l'oiseau surgit des airs,
Bêtes fauves, troupeaux, bétails de toute espèce,
Aux déserts comme aux champs vivent sans loi produits,
Et les arbres n'ont plus toujours les mêmes fruits :
Tous bons à tout produire, ils en changent sans cesse.
Car si chaque être n'a ses corps générateurs,
Où chacun trouve-t-il une constante mère ?
Mais tu leur vois à tous leurs germes créateurs :
Aussi chacun n'éclôt, n'émerge à la lumière
Qu'où reposent ses corps premiers et sa matière.
Tout être ainsi ne peut par tous être enfanté,
Car des pouvoirs distincts à chaque être appartiennent.

Pourquoi la rose en mai, les moissons en été?
Et le cep par l'automne à s'épandre invité?
Si ce n'est qu'en leur temps les semences conviennent,
Et qu'ainsi tout produit apparaît tour à tour,
Quand la terre vivace élève au seuil du jour
L'être en fleur, sur la foi des saisons qui reviennent.
Si tout de rien naissait, tout surgirait soudain,
Sans nulle saison propre, en un temps incertain,
N'étant plus d'éléments dont un ciel impropice
Pût jamais empêcher l'union créatrice.
S'ils poussaient du néant, les êtres aussitôt
Croîtraient, n'attendant point des germes l'assemblage :
L'enfance à la jeunesse atteindrait sans passage,
L'arbre soudain du sol s'élèverait d'un saut.
Mais quoi ! d'un tel désordre a-t-on jamais vu trace?
Tout grandit lentement, ainsi que le prescrit
Un germe sûr; chaque être est conforme à sa race;
Chacun d'un propre fonds croît donc et se nourrit.

   Puis le sol, sans les eaux que chaque année assure,
Ne pourrait, infécond, de beaux fruits s'égayer,
Ni tous les animaux, privés de nourriture,
Entretenir leur vie et se multiplier.
Loin d'admettre qu'il soit sans corps premiers des êtres,
Crois plutôt que, pareils aux mots formés de lettres,

Ils trouvent par milliers de communs éléments.
Qui donc à la Nature eût interdit de faire
Des hommes qu'on eût vus déraciner, géants,
Les grands monts, traverser à gué les océans,
Et porter, invaincus, un âge séculaire,
S'il n'était aux objets, pour naître, un fond marqué,
Principe où de chacun l'essor fût impliqué ?
Il faut donc l'avouer : rien de rien ne commence,
Puisque tous les objets ont besoin de semence
Qui, les créant, les porte au champ subtil des airs.
Si la campagne, enfin, préférable aux déserts,
Par nos mains cultivée en fruits meilleurs abonde,
Il faut bien qu'en la terre il soit des éléments,
Que le labour incite à leurs enfantements
Quand notre soc retourne une glèbe féconde.
Que s'il n'en était point, tout sans notre labeur
D'un essor spontané naîtrait beaucoup meilleur.

 Ajoute que la mort désagrège la chose
Sans réduire jamais ses germes à néant ;
S'il pouvait rien périr de ce qui la compose,
La chose périrait, disparue à l'instant,
Sans attendre un agent qui, propre à la dissoudre,
Dût miner ses liens pour la réduire en poudre.
Mais un germe éternel fixe chaque produit ;

Jusqu'à ce qu'un agent vienne assaillir cet être,
Ou, le désagrégeant, dans ses pores pénètre,
La Nature ne souffre en rien qu'il soit détruit.
Si l'âge enfin, des corps que son travail dissipe
Tuant le fond, consume en entier leur principe,
D'où vient le divers sang des êtres que Vénus
Rend au jour de la vie ? Où puise, eux revenus,
Le sol riche un suc propre à nourrir chaque type ?
Quelle eau la source vive et le fleuve à la mer
Prodiguent-ils ? Quels feux donne aux astres l'éther ?
Car le passé sans borne et la vie actuelle
Ont dû tarir tout être à substance mortelle.
Que s'il dure aujourd'hui, s'il a toujours duré
Des corps par qui ce monde est fait et réparé,
Il faut bien, les douant d'une immortelle essence,
De rentrer au néant leur nier la puissance.
Si la matière enfin, d'un nœud plus ou moins fort
Se liant, ne restait l'éternel fond des choses,
Tout, d'une même atteinte et par les mêmes causes,
Périrait au toucher seulement de la mort,
Faute de corps massifs, d'éternelle substance,
Dont quelque force dût rompre la consistance.
Mais non ! les éléments formant de divers nœuds
Tandis que la matière est éternelle en eux,

Les corps restent entiers tant que nul choc n'arrive
Assez fort pour briser leur trame respective ;
La mort réduit ainsi l'objet à l'élément
Et, loin d'anéantir, désunit seulement.
  Il pleut et l'eau périt, quand l'éther, divin père,
La précipite au sein maternel de la terre ;
Mais, vois : le beau blé monte, et le rameau verdit,
Et l'arbre cède au poids de ses fruits et grandit ;
Vois donc : le genre humain, les bêtes s'en nourrissent,
Et les riches cités d'un jeune sang fleurissent.
Par tous les bois feuillus chantent les nouveaux nids ;
Las du faix de leur graisse, en des prés bien fournis,
Se couchent les troupeaux, et, gonflant la mamelle,
Le blanc laitage coule, et la race nouvelle,
Folle sur les gazons, d'un pied encor peu sûr,
Bondit, le cerveau jeune enivré de lait pur.
Quand donc la chose meurt, tout ne meurt pas en elle :
Des débris de chaque être un nouvel être sort ;
Ainsi toute naissance est l'œuvre d'une mort.

  Comme j'ai dit que rien du néant ne peut naître
Et que rien n'y retourne après avoir eu l'être,
Tu te prends à douter de mes enseignements,
Parce que l'œil ne peut saisir les éléments ;

Je te vais donc prouver qu'il faut que l'on conçoive
Dans *tout objet des corps, sans que l'œil les perçoive.*
Ainsi le vent flagelle avec fougue les eaux,
Répand la nue au loin, coule les gros vaisseaux,
Casse, en tourbillonnant à travers les campagnes,
Les grands arbres, et bat les sublimes montagnes
D'un souffle aux pins fatal : tel le vent frémissant
Se déchaîne en furie et hurle menaçant.
Il est donc fait de corps qui, soustraits à la vue,
Balayant et la mer et la terre et la nue,
Entraînent tout obstacle à leur vol turbulent.
Ces corps fluides vont propageant leurs ravages,
Tout *comme on voit soudain l'eau mobile en coulant*
Monter, quand vient l'accroître, après d'amples orages,
Un déluge apportant de la cime des monts
Avec des troncs entiers des fragments de branchages.
L'impétueux torrent force les meilleurs ponts ;
Il court sus aux piliers, tourbillon gros de pluie ;
La masse, sous l'effort terrible qu'elle essuie,
Croule avec un grand bruit ; les lourds quartiers de roc
Sont roulés sous les flots ; rien ne résiste au choc !
Or le souffle du vent doit courir de la sorte :
Quand, pareil au torrent, il fond sur un objet,
Il l'assaille, *des coups répétés qu'il lui porte*

Le renverse, l'enlève, et tournoyant jouet
Dans les cercles fougueux de la trombe il le roule.
Donc le vent cache en soi des corps premiers en foule,
Puisqu'il imite ainsi les mœurs, le mouvement
Des grands cours d'eau qui sont des corps évidemment.

   On ne peut voir non plus des choses odorantes
Aux narines monter les senteurs différentes ;
Le chaud ne se voit pas ; le froid de même aux yeux
Se dérobe, et le son ne s'aperçoit pas mieux ;
Et ces choses pourtant sont vraiment corporelles,
Si j'en prends à témoin les sens frappés par elles,
Car les corps seulement sont tangibles entre eux.
Une tunique au bord des flots brisés pendue,
Boit leur rosée, et sèche au soleil étendue.
Or ce travail de l'eau pénétrant le tissu,
Puis dissipée au feu, l'œil ne l'a point perçu :
L'onde en minimes parts s'épand et se divise,
Et, nulle, à nos regards ne laisse aucune prise.
Quand elle a du soleil compté bien des retours,
La bague s'use au doigt qu'elle orna tous les jours ;
L'eau que distille un toit creuse, en tombant, la pierre ;
Le fer de la charrue est rongé par la terre ;
Les pieds ont aplani les pavés du chemin ;
Vois l'idole d'airain sur le seuil de la porte :

Il faut qu'en la baisant une foule entre et sorte,
Et ces saluts nombreux en ont usé la main.
La perte se voit bien, car la forme s'altère ;
Mais ce qu'à tout instant l'objet perd de matière,
La Nature en ravit la vue à l'œil humain.
Ce qu'aux êtres le temps apporte et la Nature,
Peu à peu les forçant à croître avec mesure,
Ne peut être saisi des yeux les plus puissants,
Non plus que le déclin de leurs corps vieillissants.
Nul œil, à chaque instant, ne peut voir la morsure
Que fait aux rocs pendants le sel rongeur des mers.
C'est d'indivisibles corps qu'est formé l'Univers.

 La matière pourtant n'emplit pas tout le monde ;
Sache que toute chose a quelque vide en soi.
C'est cette connaissance importante et féconde
Qui va guider, fixer ta raison vagabonde,
T'expliquer le grand Tout, et me gagner ta foi !

 Il est donc un milieu libre, vide, impalpable.
Rien ne serait, sans lui, de se mouvoir capable ;
Car leur solidité formerait chez les corps
Un mutuel obstacle à leurs communs efforts,
Et nul n'avancerait, puisque nul dans la masse
Aux autres ne pourrait le premier faire place.

Or dans les champs du ciel, de la terre et des mers,
Tout se meut à nos yeux sur des rythmes divers :
Aucun de tous ces corps agités sans relâche
N'eût pu, faute d'un vide, y commencer sa tâche ;
Et bien plus, aucun d'eux n'aurait même existé :
La matière eût dormi dans sa solidité.

Il n'est pas un objet, de ceux qu'on croit solides,
Qui n'offre aux corps subtils un vide où pénétrer.
Vois suinter la pierre, et les grottes humides
Par des canaux secrets goutte à goutte pleurer.
Dans nos membres partout filtre la nourriture ;
Si l'arbre pousse, et donne au temps marqué ses fruits,
C'est que les sucs, du bout des racines conduits,
Circulent par le tronc dans toute la ramure ;
La voix perce une enceinte, et par les huis bien clos
Vole et passe ; un froid vif se glisse jusqu'aux os :
Ce que tu ne verrais nullement se produire
Sans des vides par où le corps pût s'introduire.

Et que penseras-tu des choses que tu vois,
Pareilles de grandeur, se surpasser de poids ?
Si l'une est de matière autant que l'autre pleine,
Le plomb ne saurait donc peser plus que la laine,
Car la matière seule entraîne tout en bas,
Et le propre du vide est de ne peser pas.

Plus une chose est grande et te semble légère,
Plus elle atteste ainsi qu'elle a de vide en soi ;
Et plus pesante elle est, plus sa lourdeur fait foi
Qu'elle a perdu de vide et gagné de matière.
Nos recherches enfin nous l'ont donc révélé,
Ce vide, à toute chose intimement mêlé !

Il faut qu'en hâte ici, de peur qu'on ne t'égare,
Contre un exemple adroit, mais vain, je te prépare.
L'eau cède aux flancs luisants des poissons écailleux
Et leur ouvre un sentier liquide, et derrière eux
Comble la brèche ouverte au retour de son onde.
Ainsi peuvent, dit-on, les choses se mouvoir
Et se substituer dans la masse du monde.
Mais quoi ! rien de plus faux se peut-il concevoir !
Car où chaque poisson trouve-t-il une issue,
S'il ne l'a de l'eau même auparavant reçue ?
Mais où peut passer l'eau, sans qu'il ait avancé ?
Voilà donc tous les corps dans un repos forcé,
Ou conviens que partout le vide au plein s'ajoute,
Et qu'à tout mouvement il ouvre et fait sa route.

Enfin, prends un corps plat par un autre pressé,
Soudain, sépare-les : il faut sans aucun doute
Que l'air occupe entre eux tout l'espace laissé ;
Mais bien que d'alentour l'air prompt s'y précipite,

Il ne peut, dans l'instant, affluer assez vite
Pour l'emplir en entier, mais doit par chaque bout
Gagner de proche en proche avant d'occuper tout.
Le contact et l'écart, si l'air est contractile,
S'expliquent, dira-t-on, sans vide ; erreur subtile !
Un lieu, qui n'était point occupé, le devient ;
Un autre, qui l'était, cède ce qu'il contient :
Il n'est pas de raison pour que l'air se condense,
Et le fît-il, sans vide il ne pourrait, je pense,
Grouper ses éléments, se retirer en soi.
Ne t'embarrasse plus d'objections frivoles :
Il faut du vide enfin reconnaître la loi !

    Et je pourrais encore, ami, dans mes paroles
Par d'autres arguments corroborer ta foi ;
Mais, pour les signaler à ton esprit sagace,
Il suffit que mes vers t'en aient livré la trace.
Quand le chien, par les monts pleins d'errants animaux,
Flaire, il va droit au gîte abrité de rameaux,
Dès qu'il s'est élancé sur des pistes certaines ;
Ainsi, de preuve en preuve, aux notions lointaines
Tu cours, et, jusqu'au vrai fidèlement conduit,
Tu le forces dans l'ombre en son dernier réduit !

    Si mon verbe concis t'arrête ou te déroute,
J'étendrai la doctrine et la déploîrai toute ;

Mon sein riche épandra le miel de mes discours
En fleuve intarissable et si large en son cours
Qu'en nos membres le froid de l'âge peut descendre
Et de la vie en nous la gaine se briser,
Sans que mon luth t'ait fait sur chaque chose entendre
Les arguments sans nombre où tu pourrais puiser !

De l'œuvre commencé renouons la texture :
Deux choses donc : les Corps, et par eux habité
Le Vide, ouvrant carrière à leur mobilité,
Voilà le propre fond de toute la Nature !
Les corps, nous les sentons, le sens est vrai par soi ;
Sans ce premier appui d'une commune foi,
Sur les secrets du monde il n'est pas d'avenue
Et pas de vérité certainement connue.
Quant à ce lieu, l'espace, en mes vers appelé
Le Vide, il est : sans lui les corps n'ont plus de siège,
Ils ont de circuler perdu le privilège ;
C'est ce que mes leçons déjà t'ont révélé.

 Et n'imagine point d'être qui d'aventure
Serait distinct des corps et du vide à la fois,
Qui fît une nouvelle et troisième nature.
Quel que fût cet objet, dès qu'il est, tu conçois
Qu'un surcroît, fort ou faible, à l'Univers s'ajoute.

Est-il tangible, encor que léger et subtil,
Dans la somme des corps il doit compter sans doute ;
Et s'il est intangible, alors que pourrait-il
Au passage d'un autre opposer de solide ?
Il est donc pénétrable ; en un mot, c'est le Vide.

 Et toute chose est telle, au surplus, qu'elle peut
Soit agir, soit subir l'acte d'une autre chose,
Ou telle enfin qu'une autre y réside et s'y meut ;
Mais, causée ou subie, une action suppose
Quelque masse, et le lieu quelque espace vacant.
Hors le vide et les corps, l'être donc ne comporte
Nulle nature en soi d'une troisième sorte,
Plus rien qui de nos sens vienne ébranler la porte,
Ni qu'atteigne l'esprit d'un regard convaincant !

 Ces deux principes font dans tout objet l'essence ;
Et d'elle tout le reste, accident, prend naissance.
L'essence ne se peut de l'objet détacher
Sans le détruire : ainsi, le poids dans le rocher,
La chaleur dans le feu, dans l'eau l'état fluide,
Ce qu'on palpe en tout corps, ce qui cède en tout vide.
Pour ce qui vient et fuit, laissant inaltéré
Le fond de l'être, ainsi la liberté, la guerre,
L'esclavage, la paix, le luxe, la misère,
Accident est le nom justement consacré.

Le temps n'est point par soi ; ce n'est que par les choses
Que ton esprit conçoit l'être vain que tu poses
Sous les noms de présent, de passé, d'avenir ;
Car le temps n'est sensible, il faut en convenir,
Que dans le mouvement ou le repos qui dure.
Quand d'Hélène on te dit réelle la capture,
Et réels les Troyens domptés par les combats,
Certes cette aventure en soi n'existe pas :
Des âges accomplis l'irrévocable fuite
Emporta les héros et leur œuvre à leur suite,
Car rien ne s'est jadis exécuté par eux
Qui ne fût l'accident des choses et des lieux.

Enfin, si tu niais l'Espace et la Matière,
Bases de la nature et de l'histoire entière,
Pour la beauté d'Hélène une ardente fureur
N'eût point, soufflant au cœur du Phrygien sa flamme,
Allumé ces combats pleins d'une illustre horreur,
Ni le cheval de bois n'eût, pour brûler Pergame,
Dans une nuit perfide enfanté l'Achéen.

L'action n'a donc pas, à fond considérée,
Par soi, comme les corps, existence et durée,
Ni comme l'être vide un fondement certain ;
Mais elle est l'accident, elle est ce qui varie,
Dans la masse et le lieu, théâtre de la vie !

Tout corps, par son essence, ou n'est qu'un élément,
Ou d'éléments ensemble agrégés se compose ;
S'il est élémentaire, à l'effort violent
Pour le broyer, sa masse invincible s'oppose.

Mais tu pourrais douter qu'au monde il existât
Nul corps dont la matière aux efforts résistât :
Le fer incandescent s'amollit sous la braise ;
La voix, les cris, la foudre, ont accès par les murs ;
L'or se dissout au feu qui tord ses lingots durs ;
Le roc, fumant de rage, éclate en la fournaise ;
La flamme dompte et fond la glace de l'airain ;
L'argent, sous le flot lent des liqueurs qu'on y verse,
Fait sentir la chaleur ou le froid qui le perce,
Sitôt que le convive a pris la coupe en main.
L'existence du plein te paraît donc peu sûre.
Mais puisque la Raison l'exige et la Nature,
Écoute-moi : bientôt tu m'auras avoué
Que d'une consistance éternelle est doué
L'élément primitif, germe de toute chose,
Où l'œuvre universel se résume et repose.

Je l'ai dit : la Nature est double ; et tu comprends,
Depuis qu'il t'est prouvé combien sont différents
Et le corps et le lieu, champ de toute naissance,
Que chacun d'eux sépare et garde son essence :

Partout où gît l'espace en mes vers appelé
Le Vide, point de masse ; et partout où réside
La masse, il ne saurait exister aucun vide ;
Ainsi l'atome est plein, sans vide au plein mêlé.

    Puisqu'aux objets formés nous découvrons du vide,
Il doit donc à l'entour exister du solide ;
Et certes l'on feindrait sans aucun fondement
Qu'un vide est dans leur masse enclos intimement ;
Car encor faut-il bien qu'une paroi l'enserre,
Et qu'est-elle ? sinon quelque amas de matière
Qui compose à ce vide un emprisonnement.
La matière peut donc, en vertu de sa masse,
Être éternelle, alors que périt l'agrégat.

    Se pût-il que le vide au monde entier manquât,
Tout serait donc massif, et s'il ne fût pas trace
De corps venant former tous en leurs lieux des pleins,
Tout serait pénétrable en ces abîmes vains.
Or le vide et le plein se partagent le monde ;
Aucun n'èn bannit l'autre et n'est tout l'univers.
Afin donc que le vide au plein ne se confonde,
Il faut l'atome, un corps qui les fasse divers.
Aux assauts du dehors il reste invulnérable ;
Rien ne peut desserrer sa trame impénétrable.
Enfin, et mes leçons l'ont déjà démontré,

D'une épreuve quelconque il sort inaltéré.
Ni rupture, ni choc en effet n'est possible
Sans vide, rien n'est plus aux tranchants divisible,
Plus rien n'absorbe l'eau, le froid qui gagne et mord,
Ni le feu pénétrant, ces ministres de mort ;
Et plus la chose atteinte offre de vide en elle,
Plus leur intime attaque a de mortel effet.
Si donc vraiment l'atome est de solide fait
Sans vide, la matière est vraiment éternelle.
Et s'il fût que jamais la matière pérît,
Dans leur ancien néant qui les eût fait éclore
Les choses rentreraient pour en renaître encore.
Mais rien ne naît de rien, ma Muse te l'apprit,
Et rien n'est jamais né que le néant reprît.
De l'atome immortelle est donc la masse entière :
L'objet, s'y résolvant à son heure dernière,
Rapporte au renouveau des choses la matière !
Ainsi, fort de sa simple et solide unité,
L'atome se conserve et rouvre la carrière
Aux transformations depuis l'éternité !

   S'il n'était point enfin posé par la Nature
De terme aux fractions, une longue rupture
Eût déjà divisé la matière à tel point
Qu'une heure dût bientôt arriver dans la suite

Où ses œuvres conçus ne s'achèveraient point ;
Car toute chose au monde est plus vite détruite
Qu'elle n'est restaurée ; aussi ce que le temps
Dans le cours infini des âges précédents
Eût brisé, manquerait, dissous et pêle-mêle,
D'assez de jours pour naître à sa forme nouvelle.
Or tout prouve aujourd'hui dans ce que nous voyons,
Qu'il est à ce broîment une limite sûre,
Car le temps refait tout, et par genres assure
Leur croissance et leur fleur à ses créations.

Ajoute que malgré la solide substance
Des atomes, l'esprit peut concevoir comment
L'eau, la vapeur, la terre, et l'air, sans consistance,
Se forment, et d'où vient leur souple mouvement ;
Car il suffit d'un vide épars dans la Nature.
Mais si de tous les corps les éléments sont mous,
La naissance du fer et de la pierre dure
Demeure sans principe et sans raison pour nous,
Faute de quelque assise où la Nature fonde.
Il doit donc exister de durs et simples corps
Dont le compact amas puisse produire au monde
Le tissu plus serré de tous les êtres forts.
Qu'on suppose les corps divisés sans limite :

Il faut bien que pourtant, depuis l'éternité
Jusqu'à présent, des corps aient toujours subsisté
Dont la masse n'a point encore été détruite.
Or, dit-on, leur essence est la fragilité ;
Comment donc, subissant des assauts innombrables,
A travers tous les temps sont-ils demeurés stables ?

   Puisqu'aux espèces donc la Nature a prescrit
Leur degré de croissance et leur fixe durée ;
Que la part de pouvoir qui leur est mesurée
En de constantes lois trouve son terme écrit ;
Puisque, loin de changer, l'ordre des choses reste,
Si bien que les oiseaux, tout variés qu'ils sont,
Gardent du genre en eux le signe manifeste,
L'atome, dans tout être, est l'immuable fond !
Car si les éléments qui forment toute essence
Étaient par quelque atteinte au changement sujets,
On ne saurait quels corps pourraient prendre naissance
Ou ne le pourraient pas, la dose de puissance
Et le terme inhérents à l'être des objets,
Ni comment chaque race eût transmis sa nature,
Ses lois, ses mœurs, son vivre à sa progéniture.

   Le point, le dernier terme où le plein se résout,
Limite qui n'est plus des organes sentie,
Existe assurément sans aucune partie ;

D'essence irréductible, il n'a pu hors d'un tout
Ni ne pourra jamais subsister par lui-même,
Partiel par nature, élément simple, extrême ;
Et le plein est formé par le compact amas
De pareils éléments qu'un seul contact assemble
Et qui, n'existant point, par soi, hors de l'ensemble,
Y tiennent forcément et ne s'arrachent pas.
L'atome est donc un plein solide, indivisible,
Bloc massif d'éléments le plus petits possible,
Non fait de corps distincts conduits à concourir,
Mais de tout temps pourvus d'une unité profonde,
A qui l'on n'ôte rien, qu'on ne peut amoindrir,
Réservoir éternel des semences du monde !

Si la division n'a son terme borné,
Le moindre corps se prête à des parts innombrables,
Les moitiés des moitiés sont en deux séparables
Toujours, et tout objet reste indéterminé ;
Car, dès lors, de la moindre à la plus grande chose
Quelle est la différence ? Aucune. Vainement
La plus grande au-dessus s'élève infiniment ;
De parts sans nombre aussi la moindre se compose.
Mais la raison qui sent ces contradictions
S'en révolte ; et tu dois, convaincu, reconnaître
Qu'il existe des corps simples, sans portions,

D'essence indivisible, et qui, possédant l'être,
Sont solides aussi, doivent toujours durer.
Supprime cette loi : que les choses produites
En d'insécables parts sont forcément réduites,
Et la Nature alors ne se peut réparer ;
Car un corps devenant à l'infini poussière,
Répugne à ces états qu'affecte une matière
Apte à créer, tels que : poids, chocs, liens divers,
Rencontre et mouvement, d'où sort tout l'univers.

Ceux qui veulent que tout existe et s'accomplisse
Par le feu, que le feu soit l'unique élément,
De ceux-là tu prévois l'insigne égarement.
Héraclite, leur chef, est le premier en lice
Qui, chez les sages grecs, moins à l'autorité
Qu'à l'art d'un verbe obscur dut la célébrité.
La foule volontiers s'éprend et s'émerveille
Du mystère entrevu sous d'habiles détours ;
La foule tient pour vrai ce qui flatte l'oreille,
Ce que farde un sonore et caressant discours !
S'il n'est que le feu pur, d'où vient donc, je te prie,
Que le monde, son œuvre, à l'infini varie
Dans ses productions? Car il importe peu
Que se dilate ou bien se condense le feu,

S'il reste feu toujours et dans chaque partie ;
Son ardeur, là plus vive, est ailleurs amortie,
Selon qu'il se resserre ou s'écarte diffus.
Mais tu n'en peux tirer pour cela rien de plus,
Tant s'en faut que l'état si varié des choses
N'ait que ses éléments, clairs ou serrés, pour causes.

  Encor s'ils admettaient du vide aux corps uni,
Le corps igné pourrait devenir dense ou rare ;
Mais devant les écueils que le vrai leur prépare,
Ils esquivent le vide, ils l'ont partout banni ;
La peur d'un sol ardu les jette aux fausses routes.
Aussi ne voient-ils pas qu'ôtant le vide aux corps,
Ils rendent tout massif : les choses ne font toutes
Qu'un seul plein qui ne peut rien émettre au dehors,
Comme un foyer qui lance et chaleur et lumière,
Et prouve qu'il n'est point de compacte matière.

  S'ils pensent que le feu, par quelque autre moyen
Transforme ainsi sa masse, en groupes la resserre,
Sans que nulle partie en lui soit nécessaire,
Il faudra que ce feu tout entier tombe à rien,
Et que tout l'Univers prenne de rien naissance ;
Car tout être changé qui de ses bornes sort,
Anéantit par là ce qu'il était d'abord.
Si donc rien n'est sauvé de la première essence,

Le monde, tu le vois, rentre dans le néant,
Et du néant renaît tout entier florissant !

Puisque pour conserver la Nature la même
A tout jamais, il est des corps déterminés
Qui, dans leur va-et-vient variant leur système,
Transforment les objets autrement combinés,
Ces corps ne sont donc pas des éléments ignés.
Que feraient en effet leur rupture, leur fuite,
Leur ordre varié, leur changement de lieu,
Si de tous les objets l'essence était de feu ?
Resterait feu toujours toute chose produite !

Voici le vrai, je crois : il est des éléments
Dont le concours, le jeu, la place, la figure,
Et l'ordre, font du feu lui-même la nature,
Et la changent au gré de leurs agencements ;
Ils n'offrent rien d'igné, ni rien qui puisse émettre
Des corps dont notre tact sente et palpe le jet.

Prétendre que le feu c'est tout, ne pas admettre
Hors le feu, dans le monde, un seul réel objet,
Comme enseigne Héraclite, est d'un fou le langage :
Car il oppose aux sens leur propre témoignage ;
Il ébranle les sens dont toute foi dépend,
D'où ce qu'il nomme feu s'est fait à lui connaître ;
Il admet que le sens connaît au vrai cet être,

Mais non d'autres, qu'il voit tout aussi clairement.
Doctrine assurément non moins folle que vaine !
Car où te référer ? Quelle marque certaine
Ont le faux et le vrai hors de tes sens pour toi
A quel titre, niant au reste l'existence,
Ne laisser que le feu pour unique substance
Plutôt qu'ôtant le feu laisser n'importe quoi ?
Certes des deux côtés la démence est la même.

 Avoir donc pris le feu pour le seul élément,
Et composé de feu l'universel système,
Ou voulu tirer tout de l'air uniquement,
Ou cru que l'eau peut seule et par soi faire un monde,
Ou pensé que la terre, en tout créant, revêt
Les attributs divers propres à chaque objet,
Quel écart de bon sens et quelle erreur profonde !
Erreur aussi d'unir les éléments par deux,
En joignant au feu l'air, et la terre au fluide ;
Ou par quatre : air, feu, terre, onde, croyant qu'en eux
De toute éclosion le principe réside.

 L'Agrigentin fameux, Empédocle y croyait,
Celui qu'enfanta l'île à bords triangulaires
Dont la mer d'Ionie aux eaux vertes et claires
Bat les golfes profonds de son flot inquiet,

Et, prompte, se ruant par un étroit passage,
Des bords italiens sépare le rivage.
Charybde immense est là ; c'est là qu'en grommelant
Bout l'Etna qui menace, encor gros de colère,
De vomir de sa gorge un autre jet brûlant,
Flambante éruption dont tout le ciel s'éclaire !
Des merveilles ont mis cette terre en honneur,
Et tout le genre humain l'admire et la renomme :
Sol opulent, armé d'une race au grand cœur ;
Mais il n'en est sorti rien d'égal à cet homme,
D'aussi prodigieux, d'aussi cher et sacré !
Ah ! dans de si beaux chants sa divine poitrine
Exhale et fait parler son illustre doctrine
Qu'à peine paraît-il de sang d'homme engendré !

 Hé bien ! lui-même et ceux qu'en ces vers j'interpelle,
Mais que si loin son œuvre a laissés derrière elle,
Eux qui, dans leur sublime et riche invention,
Arrachent un oracle au temple de leur âme,
Plus sûr et plus divin que tout ce que proclame
La Pythie au trépied verdoyant d'Apollon,
Sur les sources du monde, écueil de leurs disputes,
Faillissent lourdement ! Aux grands les grandes chutes !

 Et d'abord, sans nul vide ils font tout se mouvoir,
Et gardant les corps mous et subtils, la lumière,

Le feu, l'air, les vivants, les plantes et la terre,
Sans y mêler de vide ils les croient concevoir.
Puis ils croient que les corps à l'infini se rompent,
Sans admettre jamais d'arrêt aux fractions
Ni, dans les corps, d'atome insécable. Ils se trompent :
Il faut bien que pour point dernier nous admettions
Ce que l'aveu des sens prononce irréductible :
Or l'atome insécable est justement pour nous
Cet extrême d'un corps qui n'est plus perceptible.
En outre, comme ils font de corps souples et mous,
Corps sujets à périr comme on les a vus naître,
Les éléments premiers, créateurs de tout être,
Il suit que l'Univers doit retourner à rien
Et doit tirer de rien ses œuvres rajeunies.
Erreur deux fois absurde et que tu connais bien !
Ces substances, d'ailleurs, si souvent ennemies
Et poisons l'une à l'autre, ou périraient unies,
Ou se disperseraient comme par les gros temps
Se dispersent la foudre et la pluie et les vents.

 Admets enfin que tout sorte de quatre choses,
Et qu'aussi tout retourne à ces quatre éléments ;
Mais ces principes-là, d'où vient que tu supposes
Qu'ils font les corps plutôt que les corps ne les font ?
Car ils alternent tous pour engendrer le monde

D'un échange éternel d'apparence et de fond.

Que si tu veux que l'air se puisse unir à l'onde,
Et la matière ignée à l'élément terreux,
Sans changer de nature en s'accouplant entre eux,
Jamais tu ne feras que leur concours enfante
Un corps vivant, non plus que sans vie : une plante ;
Car chacun dans ce groupe, amas d'êtres divers,
Accuse sa nature, et l'air s'y manifeste
Joint à la terre, et joint à l'eau le feu s'atteste.
Or les vrais éléments n'engendrent l'Univers
Que par un fond occulte et des moyens couverts,
Pour que nul, n'élevant une hostile puissance,
Ne rompe dans les corps leur unité d'essence.

Ces sages font venir du céleste foyer
Le feu, qui doit en air se changer le premier ;
Puis l'onde sort de l'air, et la terre de l'onde ;
A l'inverse renaît de la terre le monde,
L'eau, puis l'air, puis le feu, par un flux éternel
Des astres à la terre et de la terre au ciel,
Sans que leur changement réciproque s'arrête.
Mais il ne se peut pas que l'élément s'y prête :
Pour sauver, en effet, le monde du néant,
Il faut bien qu'un principe invariable y dure,
Car la mutation qui franchit la nature,

C'est la mort de l'objet qui fut auparavant.
Or, puisque les objets énoncés tout à l'heure
Se viennent tous entre eux convertir, il faut bien
Que le fond, qui n'y peut se transformer, demeure,
Sans quoi tout l'Univers se résoudrait à rien.
Que n'admettons-nous donc des corps de cette espèce,
Qui, les mêmes toujours, ayant créé le feu,
Dès que leur nombre augmente ou diminue un peu,
Font l'air, en variant leur ordre et leur vitesse,
Et d'objets en objets transforment tout sans cesse ?

Mais tout, me diras-tu (le fait aux yeux est clair),
Puise au sol, croît et monte aux régions de l'air.
Si la pluie aux saisons favorables n'abonde
Pour distiller la nue aux feuillages mouvants,
Si le soleil n'y joint sa chaleur qui féconde,
Il ne croît de moissons, d'arbres, ni de vivants,
Faute d'aliments secs et d'eau qui les arrose,
Le corps se perd, la vie alors se décompose
Et rompt avec les nerfs et les os son lien.
Nous prenons en effet nourriture et soutien
De corps fixes, fixés aussi pour toute chose.

C'est que les éléments, cent fois modifiés,
Entrent, communs à tout, en des choses diverses,
Variant l'aliment aux êtres variés.

Ce qui surtout importe en leurs mille commerces,
C'est leur accord, comment ils se sont ordonnés,
Les mouvements entre eux soit reçus, soit donnés ;
Car les mêmes font tout : soleil, azur et fange,
Mers et fleuves, ainsi qu'arbres, bêtes, moissons,
Mais combinés et mus de diverses façons.
Et ne voyons-nous pas, dans ces vers que j'arrange,
Les mêmes lettres faire ainsi des mots nombreux,
Bien qu'il faille avouer que mots et vers entre eux
De son comme de sens à tout moment diffèrent,
Dès que les rapports seuls de leurs lettres s'altèrent ?
Certes, les éléments, en composés divers,
Sont plus féconds encore au monde qu'en mes vers.

Enfin d'Anaxagore explorons le système
Rapporté par les Grecs, mais qu'ici je ne peux
Traduire en ce parler pauvre de nos aïeux ;
Je t'en pourrai du moins exposer l'esprit même.
Son *homœomérie* est toute en ce qui suit :
L'os est fait d'os menus de petitesse extrême,
De viscères menus le viscère est produit,
Le sang naît du concours de mille gouttelettes
Toutes de sang, l'or vient de l'or même en paillettes,
La terre est un amas de corps terreux en miettes,

Le feu de corps ignés, et l'eau de corps aqueux,
Ainsi tous les objets de corps les mêmes qu'eux.
Il le croit, et pourtant ne veut du tout admettre
Ni vide en les objets, ni terme aux fractions;
Sur l'un et l'autre point il me paraît commettre
 La même erreur que ceux que plus haut nous citions.
En outre, il fait ainsi trop fragile le germe,
Si l'on peut appeler germe un principe tel,
Identique aux objets, pâtissant et mortel
Comme eux, et n'offrant rien, pour subsister, de ferme.
Lequel pourra tenir contre un puissant effort,
Et se pourra sauver, sous les dents de la mort?
Est-ce le sang? les os? la flamme, l'air, ou l'onde?
Aucun, certes, dès lors qu'au même titre tous
Seront aussi mortels que toute chose au monde
Que nous voyons lutter et périr devant nous.
Or, les choses jamais, j'en ai fourni les preuves,
Ne rentrent au néant et n'en remontent neuves.

 Puis, grâce aux mets, le corps s'accroît et s'entretient;
Il s'ensuit que les os, les nerfs, le sang, les veines,
[1] Faits de mets variés sont tous hétérogènes;

> 1. Nous avons complété le sens avec le vers suivant :
> *Et nervos alienigenis ex partibus esse*
> qu'on trouve dans diverses éditions, notamment dans celle de Lambin.

Ou bien chaque élément est complexe et contient
De petits corps nerveux et des veines complètes,
De petits os, du sang réduit en gouttelettes ;
Dans ce cas, l'aliment, qu'il soit humide ou sec,
Est donc hétérogène : il y faut reconnaître
Des nerfs, des os, du sang, mainte autre humeur avec.

 De plus, si tous les corps que du sol on voit naître
S'y trouvent en petit, le sol implique alors
Des germes d'un genre autre, autant qu'il fait de corps.
Et de tous les objets tu peux ainsi l'entendre :
Le bois cachant en lui flamme, fumée et cendre,
Des germes d'un genre autre y sont donc inhérents ;
Tous les corps que la terre alimente y vont prendre
Des corps différents d'eux, nés de corps différents.

 Il restait au système une ombre de refuge ;
Anaxagore ici s'en empare : il préjuge
De tous les corps dans tous le mélange secret,
Seul le corps dont la dose y domine apparaît,
Le premier sous la main et le premier qu'on voie.
C'est là du vrai pourtant se beaucoup éloigner :
Dans les blés, quand le grès d'un âpre effort les broie,
La présence du sang se devrait témoigner,
Et des autres produits que notre corps sécrète ;
On devrait voir la meule en mouvement saigner.

Des herbes et de l'eau serait de même extraite
Une rosée exquise et semblable de goût
Au lait dont les brebis ont la mamelle pleine.
Rien qu'en pulvérisant les glèbes de la plaine,
On verrait, dispersés en embryons partout,
Herbes, moissons, forêts, dans le sein de la terre.
Enfin le bois rompu révélerait le feu,
La cendre et la vapeur, qu'en germes il enserre.
Or il est évident que rien de tel n'a lieu :
Il est donc faux qu'ainsi les choses s'entremêlent,
Mais les germes, communs aux corps qui les recèlent,
Y font mainte alliance en variant leur nœud.

Pourtant, me diras-tu, les puissantes tempêtes,
Soufflant sur les grands monts, contraignent quelquefois
Les hauts arbres voisins à tant froisser leurs faîtes
Que la flamme jaillit en vifs éclairs du bois.
Mais la flamme en ce bois n'est pas toute produite,
Ses germes seuls y sont qui, par le frottement
Rassemblés, des forêts causent l'embrasement ;
Si la flamme y gisait à l'avance introduite,
Le feu ne se pourrait jamais dissimuler,
Il devrait, attaquant les arbres, tout brûler.

Je te l'ai donc bien dit : ce qui surtout importe,
Ce sont des éléments tous de la même sorte,

Leur concours, le rapport qui les tient ordonnés,
Les mouvements entre eux soit reçus, soit donnés.
C'est ainsi que, changeant à peine leurs systèmes,
Ils font le bois, le feu ; comme dans ces mots mêmes
Il suffit de changer les lettres quelque peu
Pour désigner de noms distincts le bois, le feu.

 Enfin, si rien pour toi du spectacle des choses
N'est explicable à moins qu'en tout tu ne supposes
Des germes de nature analogue aux produits,
Dans leurs propres effets les germes sont détruits :
S'ils vibrent dans l'éclat du ris qui les secoue,
Comment de pleurs salés vont-ils baigner la joue ?

 Courage ! entends le reste, alors tu verras mieux :
L'ombre est épaisse, oui, mais d'un thyrse de flamme
Un grand espoir d'honneur m'est venu frapper l'âme ;
Il m'attise au côté l'amour délicieux
Des Muses ! et tout plein de leur vertu, j'explore
Des déserts que nul autre au mont Piérus encore
N'a foulés ! Il me plaît d'aller faire jaillir
Des eaux vierges encore ; il me plaît de cueillir
Des fleurs neuves, d'atteindre une illustre couronne
Dont les Muses n'ont ceint les tempes de personne !
Et mon objet est grand ! Je viens rompre les fers

Dont les religions garrottent l'âme humaine.
Je chante, illuminant un ténébreux domaine
Où je colore tout de la beauté des vers !
Et ce charme est utile à l'œuvre que je tente :
Le médecin qui fait d'ingénieux efforts
Pour donner aux enfants l'absinthe rebutante
A d'un miel doux et blond du vase enduit les bords,
Et l'approchant ainsi de leur lèvre amusée
Leur verse à leur insu cette amère liqueur,
Non pour mettre en péril leur candeur abusée,
Mais leur rendre plutôt la vie et la vigueur ;
Et moi, dont le sujet est si peu fait pour plaire,
Sujet souvent ingrat aux disciples nouveaux
Et toujours abhorré du rebelle vulgaire,
Dans ce parler suave exposant mes travaux,
J'ai voulu les dorer du doux miel de la Muse.
Puisses-tu jusqu'au bout, séduit par cette ruse,
Avec moi pénétrer, sous le charme des vers,
L'essence, la figure et l'art de l'Univers !

   Solides, tu le sais, les germes de matière
Vont et viennent sans fin, masse à jamais entière ;
Mais leur somme, ce point doit être examiné,
Est-elle ou non finie ? Et j'ai déterminé
Le lieu, l'espace libre où s'agite le monde.

Ce vide, recherchons s'il offre un champ borné
Ou d'un abîme ouvert l'immensité profonde.

   Certes, dans aucun sens le Tout n'est limité ;
Car il faudrait qu'au Tout fût une extrémité ;
Or nulle extrémité n'existe en une chose
Sans quelque être au delà qui la borne et qui pose
Un terme où le trajet du regard aboutit ;
Donc le Tout (hors duquel n'est rien sans contredit)
Manquant d'extrémité n'a ni fin ni mesure.
Et n'importe en quel lieu l'on s'y trouve placé,
Toujours, de quelque poste éloigné qu'on s'assure,
On voit tout l'infini de toutes parts laissé.

   En outre, supposons fini l'espace vide :
Que si quelqu'un se porte à son extrême bord,
Et là, juste au confin, décoche un trait rapide,
Admets-tu que, brandi par un puissant effort,
Le trait d'un libre vol fuie où la main l'adresse,
Ou bien que devant lui quelque obstacle se dresse ?
C'est l'un ou l'autre : il faut évidemment opter ;
Des deux parts point d'issue ! et tu dois reconnaître
Qu'à l'infini s'étend tout l'ensemble de l'être,
Car ou bien quelque objet venant l'intercepter,
Ce trait n'atteindra pas à la limite même ;
Ou, s'il passe, il n'est point parti du bord extrême.

Je te peux suivre ainsi, tu recules en vain
N'importe où ; qu'advient-il de cette flèche enfin ?
Elle ne peut trouver nulle part de limite,
Il s'ouvre une carrière éternelle à sa fuite.

 En outre, que l'espace entier soit limité,
Qu'en un cercle fixé le Tout se circonscrive,
Aussitôt par son poids la matière massive
Se ramasse en un bloc au fond précipité ;
Sous la voûte du ciel rien, plus rien ne circule,
Même il n'est plus ni ciel ni rayons de soleil.
La matière, en effet, qui toute s'accumule,
Dès l'infini du temps croupit dans le sommeil.
Il n'en est point ainsi : les corps élémentaires
N'ont jamais de repos, car il n'est pas de fond
Où tous ils puissent tendre et rester sédentaires ;
Dans une activité sans fin les choses vont
En tous sens, et le flot des principes du monde,
Éternels et lancés du sein du gouffre, abonde.

 L'objet borne l'objet ; partout nous l'observons :
Les monts limitent l'air, et l'air enceint les monts,
La mer confine au sol, le sol aux mers confine ;
Mais le Tout hors de soi n'a rien qui le termine.
Une lueur de foudre en son rapide cours
Peut, tant la profondeur de l'espace est immense,

Suivre le vol du temps en y fuyant toujours,
Et toujours sa carrière en entier recommence.
Ainsi, de tous côtés, des abîmes ouverts ;
Nulle part, de limite à l'énorme univers !
La Nature interdit à cette somme entière
Des choses toute borne, en forçant la matière
A borner l'être vide et la bornant par lui ;
Tous deux font l'un par l'autre un ensemble infini.
Si l'un, absorbant l'autre, eût franchi sa barrière,
Usurpant à lui seul toute l'immensité,
Ni terre alors, ni mer, ni coupole sereine
Du ciel, ni corps sacrés des Dieux, ni race humaine,
Rien n'eût, un seul moment de l'heure, subsisté,
La matière disjointe, en poudre, éparse toute,
Par le grand vide irait vagabonde et dissoute ;
Ou plutôt, de tout temps diffuse et sans lien,
Ne se pouvant grouper, elle ne créerait rien.

 Et ce n'est certes point par conseil et génie
Que les germes entre eux se sont coordonnés ;
Ils n'ont point stipulé leur future harmonie ;
Mais de mille façons, mus, heurtés, combinés,
Ils explorent partout l'étendue infinie ;
Essayant toute sorte et de jeux et d'accords,
Ils parviennent enfin jusqu'à ces assemblages

Où se fixe créé le monde entier des corps,
Qui reste organisé pour un grand nombre d'âges
Dès que les mouvements ont trouvé leurs concerts.
L'eau des fleuves ainsi roule aux avides mers
Et les comble à grands flots, et les races pullulent
Florissantes, la terre au doux soleil mûrit
Des fruits nouveaux, les feux éthérés qui circulent
Vivent! Mais il fallait que l'infini s'ouvrît
D'où jaillît la matière, abondamment offerte
A tous, en temps voulu, pour réparer leur perte.

Comme les animaux privés de se nourrir
Défaillent amaigris, le monde doit mourir
Si par quelque motif, en détournant sa course,
La matière une fois le laisse sans ressource.

Puis les chocs du dehors ne peuvent de partout
Tenir l'ensemble uni, comme qu'il se compose ;
Leur pression fréquente en maintient quelque chose,
Tandis que d'autres corps viennent remplir le tout ;
Mais cette pression, qu'un ressaut entrecoupe,
Laisse aux germes ainsi la place et le moment
De fuir, et de jaillir en liberté du groupe.
Il faut donc qu'il en vienne encore abondamment,
Et qu'à flots infinis la matière se presse,
Afin qu'aussi les chocs se succèdent sans cesse.

Sur ce point, Memmius, prends garde et ne crois pas
Que tout, comme ils l'ont dit, tende au centre du monde,
Qu'ainsi de l'Univers l'équilibre se fonde
Sans chocs extérieurs, et qu'en haut comme en bas,
Tout tendant au milieu, rien ne se désagrège ;
Quelque chose aurait donc en soi son propre siège,
Et les corps lourds qui sont sous terre, montant tous,
Prendraient pied sur le sol à l'opposé de nous.
Comme on voit des objets les images dans l'onde,
Un peuple d'animaux, selon eux, vagabonde
Renversé, sans qu'il puisse au-dessous plutôt choir
De terre en ciel qu'ici nos corps n'ont le pouvoir
D'eux-mêmes de voler vers le céleste temple ;
Ceux-là voient le soleil, lorsque notre œil contemple
Les astres de la nuit ; avec nous tour à tour
Partageant l'heure, ils font leur nuit de notre jour.

Chimères, dont l'erreur de ces fous était grosse,
Parce qu'ils ont d'abord pris une route fausse :
Il ne peut être au vide, au lieu sans horizon,
Nul centre ; y fût-il même un centre, aucune chose
Ne doit se fixer là par cette seule cause
Plutôt qu'ailleurs siéger pour toute autre raison.
En effet, tout le lieu, l'espace appelé vide,
Doit s'ouvrir dans le centre aussi bien qu'en dehors

Aux corps pesants partout où leur chute les guide.
Il n'est pas d'endroit tel qu'arrivé là le corps,
Cessant de graviter, dans l'abîme réside.
Tout vide sous le poids qui s'y veut appuyer
Cède indéfiniment par son essence même.
Rien de tel ne peut donc maintenir le système
Des corps, et par l'attrait d'un centre les lier.

   Ce ne sont pas d'ailleurs tous les corps qu'ils prétendent
Vers le centre poussés, mais bien certains d'entre eux :
Les terres, les liqueurs, les corps quasi terreux,
Océans, grandes eaux qui des sommets descendent ;
Tandis qu'inversement les atomes de feu,
Les particules d'air s'écartent du milieu :
Tout l'éther étoilé vibre en formant la sphère,
Et le soleil repaît ses flammes au champ bleu
Du ciel, où tout le feu rayonné s'agglomère.
Des arbres, disent-ils, jamais ne verdirait
Le faîte, si du sol chacun d'eux ne tirait
Peu à peu sa pâture . . . .
. . . .
. . . .
. . . . de crainte
Qu'à la façon du feu volant de toutes parts
N'éclatent aussitôt, par le grand vide épars,

Les murs rompus du monde, entraînant tout le reste,
Ou que ne croule bas l'ample voûte céleste,
Que, sous les pieds la terre en un clin d'œil fuyant,
Dans leurs débris mêlés cieux et choses broyant
Les corps, tout n'aille au vide, immensité profonde,
Et qu'en un point de temps rien ne subsiste au monde
Hors la matière aveugle et l'espace désert.
Car, si les éléments font faute en quelque place,
Au désastre commun c'est un passage ouvert :
La matière par là va jaillir toute en masse.

Retiens ces vers, le reste aisément s'en déduit :
Un point éclaircit l'autre, en vain la nuit obscure
Couvre tes pas, va lire au cœur de la Nature ;
Va ! c'est ainsi qu'au vrai le vrai s'allume et luit !

NOTE

Voici en quels termes la préface de notre traduction de Lucrèce est appréciée dans le recueil intitulé : *Année philosophique, études critiques sur le mouvement des idées générales dans les divers ordres de connaissances, par F. Pillon, deuxième année, 1868, suivies d'une critique générale, par Ch. Renouvier, 1869,* etc. :

> L'homme traînait sa vie abjecte et malheureuse
> Sous le genou pesant de la Religion,
> Qui...

(Suit une quinzaine de vers extraits de la traduction.)

« On peut juger, par cet échantillon, des beautés que l'auteur a su rendre dans ses vers, et aussi des petites imperfections inséparables d'une traduction littérale. Mais les traductions libres en ont bien d'autres et de pires, si tant est qu'elles *traduisent* réellement et ne *trahissent* pas.

« La longue préface de M. Sully Prudnomme est une dissertation en vérité très-intéressante et originale. C'est, nous n'hésitons pas à le dire, un des bons morceaux de philosophie qui aient paru cette année, un exemple heureux du mélange de la philosophie et de la science pour asseoir les bases d'une critique des idées générales. La discussion des notions de masse et d'atome, ensuite d'affinité, est particulièrement remarquable et profonde. Mais nous ne pouvons la rapporter ici, même en abrégé. Bornons-nous à dire que l'auteur a percé dans le fond des idées qu'on se fait vulgairement et que les savants mêmes se font de la matière. Au sujet du matérialisme et du spiritualisme, il demande que ces mots soient décidément bannis, et qu'on se borne à désigner par les noms de *matière* et *d'esprit* deux ordres distincts de phénomènes. Il donne les raisons solides de la distinction. Sur la question de la substance, il s'exprime ainsi :
« Quant à l'axiome de substantialité, la science n'y
« a pas encore renoncé, malgré son aversion mar-
« quée pour la métaphysique; elle parle encore de
« matière, de masse, de molécule, et s'attarde ainsi
« dans des conceptions surannées, illusions de la

« connaissance spontanée, qu'elle a pour mission
« de faire tomber en substituant partout des rap-
« ports aux entités fictives. Nous avons essayé de
« montrer que ni l'expérience externe, ni l'expé-
« rience interne, ne sont en état de résoudre le
« problème de la substance. Il leur est impossible
« d'en attester la division : l'individualité conçue
« comme une distinction de substances aboutit à la
« négation de toute relation entre individus, faute
« d'un fonds commun à tous... Mais, d'autre part,
« comment concilier la conscience avec l'univer-
« salité de la substance ? Nous pouvons très-bien
« ne pas être capable de résoudre cette difficulté,
« sans être pour cela en droit de la déclarer inso-
« luble ; mais nous ne sommes certainement pas
« en droit de la trancher contre le témoignage de
« l'expérience. Sachons plutôt ne pas savoir ; ce
« n'est pas la moindre vertu du philosophe... »
M. Sully Prudhomme va au fond des choses, on le
voit ; mais ne fait-il pas un peu en philosophie ce
que, en science, il reprend chez les savants ? Les
questions qu'il se pose sur les substances, que ne se
les pose-t-il sur les êtres, c'est-à-dire sur les fonctions individuelles de phénomènes assujettis et à

des lois spéciales et à d'autres lois qui les enveloppent ensemble? Sans doute il pourra se demander encore comment des lois distinctes peuvent admettre des relations mutuelles sans se fondre en une loi générale, ou comment une loi générale peut souffrir des consciences indépendantes. Mais qu'il réfléchisse au principe de causalité autant qu'il a évidemment réfléchi au principe de substantialité, il reconnaîtra, nous n'en doutons pas, que l'individualité des êtres n'ajoute, non plus qu'elle n'ôte rien à la difficulté de comprendre des relations mutuelles, ou des dépendances et des causes; mais que la seule forme rationnelle sous laquelle le monde puisse entrer dans notre connaissance, c'est une harmonie entre des groupes de phénomènes dont la conscience et l'expérience constatent certaines séparations et certaines liaisons, et qui sont tels que certains d'entre eux, quand ils se modifient de certaine manière, impliquent des modifications de certains autres, sans que nous puissions jamais pénétrer au delà de ce fait d'un ordre harmonique de coexistence et de succession.

« Nous citerons encore un passage. Il s'agit cette fois de l'induction qui conduit les métaphysiciens à

leur thèse de l'être nécessaire en soi : « Nous ne
« pouvons connaître de l'objet que ce par quoi il
« est en communication avec nous, ses détermina-
« tions dans les catégories qui sont expressément
« les nôtres. Notre science ne peut donc excéder
« la connaissance de nos catégories appliquées à
« nos perceptions. Tel est le domaine, telle est
« la limite du savoir de l'homme. »

« Ceci est catégorique et on ne saurait mieux dire.
Pourquoi l'auteur ajoute-t-il : « Toute application
« de nos propres catégories à l'universalité est ar-
« bitraire et n'offre aucun caractère scientifique. »
En tant que l'univers entier pourrait être pour
nous un objet d'affirmation quelconque, il semble
pourtant que nous ne pouvons qu'appliquer nos
catégories. En tant qu'il ne peut être pour nous
l'objet d'une affirmation quelconque, n'en parlons
plus. L'auteur continue : « La nature active de
« notre esprit, son initiative lui permet de ne
« point s'arrêter à chaque terme de la série de ses
« perceptions ; il peut par réflexion sur sa fonction
« même dépasser toute perception et considérer
« comme accomplie son œuvre successive, mais
« dès lors il cesse de percevoir et conçoit ; il con-

« çoit le tout dans l'absolu. Telle est son opéra-
« tion métaphysique ; il ne peut affirmer du tout
« qu'une vérité, c'est qu'il existe par lui-même,
« vérité qui n'est point transcendante, mais qui
« découle de la définition du tout. Du reste, nous
« ignorons complètement les catégories du tout
« *hormis celles qu'implique notre propre essence.*
« La métaphysique ne peut donc faire aucun pro-
« grès, elle est toute dans une seule idée qui est
« son principe et son terme : l'être par soi. L'his-
« toire prouve suffisamment qu'elle n'a jamais fait
« un pas de plus. Les métaphysiciens et les théolo-
« giens ont, sous toutes les formes, transporté les
« catégories humaines à l'être par soi. »

« La conclusion de ce remarquable passage est nettement criticiste. L'auteur semble même nous permettre, dans les lignes que nous avons soulignées, de considérer le tout comme un vrai tout, savoir déterminé, car notre *essence* intellectuelle nous oblige à regarder un tout comme un tout et non pas comme un infini. Toutefois, le procédé de M. Sully Prudhomme rappelle ici celui que M. Vacherot suit et qualifie si étrangement d'*analytique*, pour arriver à constituer une synthèse d'éléments contradictoires. Nous ignorons si M. Sully Prudhomme entend que *le tout doit être posé éternel et infini.* Nous voudrions bien qu'il trouvât l'occasion de s'expliquer quelque part sur ce point. Ce qu'il dit, que *nous ignorons complètement les catégories du tout,* souffre une exception en effet, en ce sens que nous sommes tenus de savoir, quand nous parlons du tout, ce que nous appelons le tout, et quand nous disons qu'il est *par soi,* ce que c'est selon nous qu'être par soi. »

Voici maintenant quelques lignes, écrites par M. Max Bonnet, en 1876, dans le n° 24 de la *Revue critique d'histoire et de littérature,* dirigée par MM. C. de La Berge, M. Bréal, G. Monod et G. Paris : « .... M. Sully Prudhomme, dont la traduction du l. Ier est ce qu'il existe de mieux en ce genre, M. Sully Prudhomme en s'aidant des bons ouvrages modernes pour faire disparaître certaines taches, créerait un Lucrèce français qui n'aurait rien à envier aux meilleures traductions en vers des nations plus favorisées par leur idiome pour des travaux de cette nature. »

LA JUSTICE

POÈME

A JULES GUIFFREY

Mon cher ami,

Je te dédie ce poème, s'il m'est permis d'appeler de ce nom un ouvrage qui, j'en ai peur, paraîtra n'avoir d'un poème que le mètre et la rime. La poésie est réputée faite seulement pour charmer, et ne trouve le lecteur disposé à aucun effort. J'avoue que ces pages ne visent point à charmer; elles visent à intéresser certains esprits anxieux, et ne peuvent se lire sans quelque attention. Peut-être ne m'accordera-t-on pas que j'aie fait œuvre de poésie; j'aurais toutefois fait œuvre d'art, si mes vers étaient jugés bons. Le vers est en effet la forme la plus apte à consacrer ce que l'écrivain lui confie, et l'on peut, je crois, lui confier, outre tous les sentiments, presque toutes les idées. J'es-

saye donc cette forme sur une matière moins concrète que ne l'est d'ordinaire celle de la poésie. Selon l'opinion commune, la poésie perd ses caractères propres dès que le sujet traité cesse d'être aisément accessible aux esprits de moyenne culture. J'ai plus d'ambition pour mon art : il me semble qu'il n'y a, dans le domaine entier de la pensée, rien de si haut ni de si profond, à quoi le poète n'ait mission d'intéresser le cœur. Si j'ai trop présumé de mes forces, je retournerai de bonne grâce à des compositions moins difficiles pour moi, mais sans regret de ma témérité, car on ne peut nier l'utilité d'éprouver la puissance d'un art et d'en chercher les limites.

Dans cette tentative, loin de fuir les sciences, je me mets à leur école, je les invoque et les provoque. La foi était un compromis entre l'intelligence et la sensibilité; l'une des deux parties s'y est reconnue lésée, et aujourd'hui toutes les deux se défient excessivement l'une de l'autre. La raison et le cœur sont divisés. Ce grand procès est à instruire dans toutes les questions morales; je m'en tiens à celle de la justice. Je voudrais montrer que la justice ne peut sortir ni de la science seule qui suspecte les intuitions du cœur, ni de l'ignorance généreuse qui s'y fie exclusivement; mais que l'application de la justice requiert la plus délicate sympathie pour l'homme, éclairée par la plus profonde connaissance de sa nature; qu'elle est, par conséquent, le terme idéal de la science étroitement unie à l'amour.

Les sinistres événements qui ont abaissé notre patrie m'avaient, pour la première fois, forcé de voir de près, et à nu, les plaies, jusque-là dissimulées, d'un corps social qui dans la déroute a perdu tous ses voiles. Quel spectacle! Un pessimisme plein d'amertume avait supplanté ma confiance en la dignité humaine. Plusieurs sonnets composés à cette époque ont trouvé leur place dans la première partie du livre; ils se ressentent de leur date et je ne les aurais jamais publiés seuls. Peu à peu la buée rouge et la fumée qui cachaient l'horizon se sont dissipées; un coin d'azur et quelques cimes blanches ont reparu; les oiseaux sont revenus aux branches mutilées, les fourmis à leurs greniers défoncés; il a bien fallu espérer encore. L'ouvrage se clôt sur cette impression. Le lecteur y aura suivi les vicissitudes d'une intelli-

gence et les angoisses d'un cœur, touchant l'essence et le fondement de la justice.

Tu pouvais souhaiter, mon cher ami, que j'unisse ton nom au mien sur un livre moins exposé à la mauvaise fortune; mais n'est-ce pas dans le péril qu'on s'assure de préférence l'appui des amitiés anciennes et solides? Ce que je t'offre, c'est moins le résultat que l'effort, c'est moins l'œuvre que la peine, et le travail n'est jamais sans prix.

Sully Prudhomme.

PROLOGUE

PROLOGUE

Les étoiles au loin brillent silencieuses,
Au fond d'un ciel sans lune, éclatantes ce soir,
Comme dans leur écrin les pierres précieuses
Semblent de plus belle eau sur un velours plus noir.

L'âme, simple autrefois, vers le ciel élancée,
Par l'extase et l'espoir les atteignait là-haut ;
Elle en pouvait jouir, comme une fiancée
Choisit les diamants qui l'orneront bientôt.

Mais, en les contemplant, l'âme aujourd'hui soupire :
De ces feux qu'elle observe elle n'attend plus rien ;
Et le rare songeur qui d'en bas les admire
N'a plus les calmes nuits du pâtre chaldéen.

Comment prier, pendant qu'un profane astronome
Mesure, pèse et suit les mondes radieux ?
On l'entend qui les compte, et sans terreur les nomme
Des grands noms que portaient d'inoubliables dieux.

Nos yeux qu'au ciel déchu son doigt hautain dirige,
Y voient par la raison tout l'azur balayé,
Phœbus banni lui-même, et le fougueux quadrige
Qui promenait sa gloire, à jamais enrayé.

Comment rêver, pendant qu'à d'effrayants ouvrages
L'adroit physicien s'évertue ? On l'entend
Qui fait grincer la lime et, chasseur des orages,
Aiguise et dresse en l'air le piège qu'il leur tend ;

On voit, au poing du dieu qui faisait le tonnerre,
Les foudres défaillir en servage réduits :
Ce vainqueur des Titans, devenu débonnaire,
Devant un fer de lance abdique au fond d'un puits.

Comment chanter, pendant qu'un obstiné chimiste
Souffle le feu, penché sur son œuvre incertain,
Et suit d'un œil fiévreux un atome à la piste,
De la cornue au four, du four au serpentin ?

Dans es combats légers de l'air avec la feuille
Il nous fait voir un gaz attaquant du charbon ;
La fleur même pour nous, depuis qu'il en recueille
L'âme sous l'alambic, ne sent plus aussi bon.

Et quel amour goûter, quand dans la chair vivante
Un froid naturaliste enfonce le scalpel,
Et qu'on entend hurler d'angoisse et d'épouvante
La victime, aux dieux sourds poussant un rauque appel ?

Depuis qu'en tous les corps on a vu la dépouille
Des tissus les plus fins grossir sous le cristal,
Le regard malgré soi les dissèque et les fouille,
Des apprêts de la forme inquisiteur brutal.

Plus de hardis coups d'aile à travers le mystère,
Plus d'augustes loisirs ! le poëte a vécu.
Des maîtres d'aujourd'hui la discipline austère
Sous un joug dur et lent courbe son front vaincu.

Il les croit forcément, qu'il sache ou qu'il ignore
Où leur propre croyance a trouvé son appui ;
La Nature est la même et lui sourit encore,
Mais il ne la voit plus que par eux, malgré lui.

« Sais-tu, lui disent-ils, téméraire poète,
S'il est rien qu'il te faille encenser ou honnir ?
Dans le ciel impassible il n'est ni deuil ni fête,
Aucun despote à craindre, aucun père à bénir.

« Renonce à la prière aussi bien qu'au blasphème :
Les êtres, affranchis des dieux bons ou méchants,
Ont pour divinités les lois de leur système,
Pour dogme leur plaisir, pour devins leurs penchants.

« Tu formes à l'aveugle, au seuil du cimetière,
Pour notre espèce un vœu trop humble ou trop altier :
Tu ne sauras jamais sa destinée entière
Sans l'apprendre avec nous de l'univers entier

« Une œuvre s'accomplit, obscure et formidable ;
Nul ne discerne, avant d'en connaître la fin,
Le véritable mal et le bien véritable :
L'accuser est stérile, et la défendre, vain. »

Alors il n'est plus sûr de chanter sans méprise,
De ne pas malgré lui faire mentir ses vers ;
L'apparence, vapeur capiteuse, le grise,
Mais la réalité se fait jour au travers.

Le masque se déchire et par lambeaux s'envole.
La Nature n'est plus la nourrice au grand cœur ;
Elle n'est plus la mère auguste et bénévole,
Aimant à propager la grâce et la vigueur,

Celle qui lui semblait compatir à la peine,
Fêter la joie, en qui l'homme avait cru sentir
Une âme l'écouter, divinement humaine,
Et des voix lui parler, trop simples pour mentir.

Il apprend que sa face, ou riante ou chagrine,
N'est qu'un spectre menteur ; tendre fils il apprend
Qu'elle offre sans tendresse à ses fils, sa poitrine,
Et berce leur sommeil d'un pied indifférent ;

Que c'est pour elle, et non pour eux qu'elle travaille ;
Que son grand œil d'azur leur sourit sans regard ;
Que l'homme dans ses bras meurt sans qu'elle en tressaille,
Né de père inconnu dans un lit de hasard.

Il ressemble à l'enfant que personne n'avoue,
Et qui, d'âge à scruter les lois dont il pâtit,
Cherche et souffre, accablé des voiles qu'il secoue
Et qu'il ne sentait pas quand il était petit ;

Et comme l'orphelin s'adresse à la justice,
Dès qu'il n'espère plus tenir de la bonté
Un tissu qui le vête, un blé qui le nourrisse,
Tous les dons sur lesquels il avait trop compté,

Depuis qu'il a senti faillir la Providence
Aux saintes missions que lui prêtait la foi,
Ailleurs que chez les dieux il cherche une prudence,
A défaut d'une grâce, une équitable loi.

Un trouble tout nouveau le remue ; il s'écrie :
« O ma Muse, ma Muse, à quoi donc songeons-nous ?
Ne décorons-nous point du nom de rêverie
Des ivresses, des deuils et des oublis de fous ?

« Pour moi, je ne veux plus répandre à l'aventure
Ma louange et mon blâme, et j'en aurai souci !
Je veux moi-même enfin, je veux à la Nature
Réclamer la justice et la lui rendre aussi !

« Une indiscrète fente au rideau s'est ouverte :
Ma fièvre de tout voir ne se peut plus guérir ;
Je ne supporte pas la demi-découverte,
Il me faut maintenant deviner ou mourir.

« Car le poète, lui ! cherche dans la science
Moins l'orgueil de savoir qu'un baume à sa douleur.
Il n'a pas des savants l'heureuse patience,
Il combat une soif plus âpre que la leur.

« En vain de ce qui souffre il connaît la structure,
Il croit ne rien savoir tant qu'un doute odieux
Plane sur le secret des maux que l'être endure,
Tant que rien de meilleur n'a remplacé les dieux.

« O ma Muse, debout ! suivons de compagnie
La Science implacable, et, degré par degré,
Voyons si de partout la Justice est bannie,
Ou quel en est le siège et l'oracle sacré ! »

La Muse tremble et dit : « Quel vol tu me demandes !
Puis-je où tu veux aller t'escorter sans péril ?
J'ai besoin d'air sonore, et mes ailes, si grandes,
Sont trop lourdes pour fendre un élément subtil.

« Un abîme sans ciel, peuplé d'ombres ténues,
N'offre à mon large essor aucun solide appui ;
Parmi les moules creux et les vérités nues
Je périrai bientôt de détresse et d'ennui...

« Tu ne m'entendras plus ou tu me feras taire,
Tantôt m'abandonnant, tantôt sourd à mes cris,
Me forçant à ramper pour consulter la terre
Sans pitié pour mes mains et mes genoux meurtris. »

— Oh! ne dédaigne pas le service à me rendre!
Si tu n'es plus l'épouse, au moins reste la sœur!
L'ordre même est un rythme, et pour le bien comprendre,
Un bercement sublime est utile au penseur.

« Courage! la pensée est généreuse et sûre,
Elle te soutiendra. Mais adieu ta chanson!
Que l'archet seulement me batte la mesure
Si le luth à ma voix refuse l'unisson! »

PREMIERE PARTIE

SILENCE AU CŒUR!

PREMIÈRE VEILLE

COMMENCEMENTS

ARGUMENT

Avide de vérité, le poète dépouille les antiques illusions des sens, et se fait chercheur pour aller à la découverte de la justice avec le seul flambeau de la science. Comme il n'a pas à chercher la justice avant l'apparition de la vie, et que la terre est la seule région de l'univers qui lui soit directement accessible, il y commence son investigation.

PREMIÈRE VEILLE

COMMENCEMENTS

LE CHERCHEUR.

La vérité n'admet qu'un studieux amant :
Je m'arme pour savoir ! Je fourbis la cuirasse
Que l'ombre déshonore et que la rouille encrasse,
Et j'aiguise le dard qui s'émousse en dormant.

Certes, je bouclerai l'airain si fortement
Sur ma poitrine hostile au culte que j'embrasse,
Que l'armure sévère y marquera sa trace
Plutôt que d'y permettre un lâche battement.

Et dussé-je, si rien ne t'entame, ô Nature,
Sphinx horrible et charmant, te prendre à la ceinture,
Et dans un cri forcé t'arracher ton secret,

Corps à corps avec toi je lutterai sans trêve !
A nous deux maintenant ! Parle, me voilà prêt,
Je ne suis plus l'OEdipe alangui par le rêve.

UNE VOIX.

Seul le rêve embellit les vers !
A dépouiller de leur prestige
Les merveilles de l'univers,
Poëte, quel devoir t'oblige ?

Si la Nature t'apparaît
Sous tant de formes attachantes,
N'est-ce pas pour que tu la chantes
Sans attenter à son secret ?

Indigente comme un squelette
Que la chair vient d'abandonner,
L'idée incolore et muette
Aux sens n'a plus rien à donner.

Oh ! que d'ingrats efforts te coûte
Le vrai que tu n'atteins jamais !

LE CHERCHEUR.

Qui donc me dit ce que je tais ?
Quel adversaire en moi m'écoute ?

Depuis que j'ai quitté les gracieux vallons
Où mes vingt ans chantaient leur peine et leur folie,
Et que pour retremper ma pensée amollie,
J'ai des pics éternels gravi les échelons,

Le front dans les brouillards et dans les aquilons.
Je glisse en trébuchant sur la glace polie,
Et me souviens parfois avec mélancolie
Des prés qui m'ont laissé de leur mousse aux talons.

Et j'ai beau me boucher des deux mains les oreilles,
J'entends monter des voix à des appels pareilles,
Indomptables échos du passé dans mon cœur :

Ce sont tous mes instincts poussant des cris d'alarme;
En moi-même se livre un combat sans vainqueur
Entre la foi sans preuve et la raison sans charme.

UNE VOIX.

Ne lis plus. Écoute ces voix ;
Laisse-toi ramener par elles
Aux grandes pentes naturelles
Où glissait ta vie autrefois ;

Nulle veille ne les supplée,
Nul enseignement ne les vaut :
Elles te l'avaient révélée
L'humble science qu'il te faut !

Tout le reste est mensonge ! oublie.
Au fil de l'eau, vers l'horizon,
Descends avec une Ophélie
Entre deux rives de gazon.

Tu recouvreras l'espérance
Avec l'oubli des livres lus.

LE CHERCHEUR.

Que ne puis-je en ne lisant plus
Recouvrer ma jeune ignorance !

L'esprit humain jadis planait tout endormi,
Fuyant sur les hauteurs son terrestre entourage ;
Comme le somnambule, au gré d'un vain mirage,
Hante les toits, d'un pied par l'erreur affermi.

Il s'éveille, et sentant, l'œil ouvert à demi,
Sa vision sombrer dans un brusque naufrage,
Il perd toute la foi qui lui sert de courage,
Et tremble désarmé sur le gouffre ennemi.

La Science a miné le vieux monde illusoire,
Et triant les débris qui jonchent la mémoire,
Elle repeuple l'âme avec des pensers vrais.

Ces blêmes vérités sortent des beaux décombres
Où gît tout ce qu'hier j'aimais et vénérais :
Eh bien ! sur la justice interrogeons ces ombres !

UNE VOIX.

La justice est un cri du cœur !
Déjà l'enfant qu'à tort tu grondes
En entend les rumeurs profondes
S'amasser contre ta rigueur ;

Dans le jeune homme au fier courage,
Quand le droit se lève outragé,
Le front a reconnu l'outrage,
Mais c'est le cœur qui l'a vengé ;

Chez l'homme où la dignité mûre
Contraint la fougue à réfléchir,
Quand le front a pesé l'injure,
C'est le cœur qui l'en fait rougir !

O science, prisme où se glace
Tout rayon qui passe au travers !

LE CHERCHEUR.

Je cherche un cœur à l'univers,
Et tu ne m'en dis pas la place.

Où rencontrer un point de départ et d'appui ?
Pas de commencement! les lois sont éternelles;
Pas de création! le monde est vieux comme elles,
Et son enfantement dure encore aujourd'hui.

Or à quelle consigne obéissaient en lui,
Depuis longtemps, les lois, ces fixes sentinelles,
Avant l'éclosion des premières prunelles
Et des premiers cerveaux où l'idée en a lui ?

Mystère ! Et c'est encore un mystère insondable
Que le type suprême où tend sa forme instable,
A travers les douleurs, par de si longs essais.

L'origine et la fin me sont à jamais closes !
Et pourtant, si je veux m'en passer, je ne sais
Ni la raison des lois ni le vrai sens des choses.

UNE VOIX.

Eh bien donc! à genoux! rends-toi!
La science est vaine : renonce
A sa misérable réponse
Qui ne dit pas le grand pourquoi.

Des fronts las divine ressource,
La foi guide au vrai sans effort,
Comme la baguette à la source
Et comme la boussole au port.

Préfère aux livres le cilice
Des saints couronnés de lueur :
Leur sang offert avec délice
Est mieux payé que ta sueur!

Car où va la science? où mène
Ce fil fragile au long circuit?

LE CHERCHEUR.

C'est pour l'apprendre qu'on le suit
De phénomène en phénomène.

Atomes éternels aux éphémères jeux,
Océan d'où la force, en des retours sans nombre,
Émerge infatigable aussitôt qu'elle y sombre,
Vous travaillez sans trouble aux destins orageux.

Je vous envie, aînés du chaos nuageux
Dont le ciel par degrés sans fin se désencombre :
Vous n'êtes pas vaincus par la froidure et l'ombre
Qui rendront tour à tour tous les astres fangeux.

Aveugles sans faillir, sous des lois nécessaires
Vous êtes ouvriers de toutes les misères
Dont les mondes ensemble accumulent l'horreur ;

Et, durs également dans la chair ou la roche,
Vous ignorez la peine aussi bien que l'erreur ;
Et la mort qui nous suit jamais ne vous approche.

UNE VOIX.

Que m'importe ces éléments,
Et les longs âges sans années
Où des tardives destinées
Se perdent les commencements !

Ce qui m'importe, ô ma maîtresse,
C'est que ces éléments si vieux
Soient devenus de ma tendresse
Le miroir si jeune en tes yeux ;

C'est que leurs effroyables fièvres
En caresses aient pu finir ;
C'est qu'ils soient devenus nos lèvres
Pour que nous puissions nous unir ;

Qu'importe leur passé farouche,
S'ils en ont su faire un tel bien !

LE CHERCHEUR.

Heureux, heureux, qui ne sait rien
Du mal que font l'œil et la bouche !

L'Univers porte en soi d'infaillibles conseils
Dont la sagesse a l'air d'une atroce démence :
Sans âge, il fut longtemps une fournaise immense
Qui crachait son écume en tournoyants soleils.

Ces soleils ont lancé d'autres éclats pareils,
Dont la ronde à son tour se brise et recommence ;
Puis la vie a des cieux affronté l'inclémence
Et cherché des climats pour ses frêles éveils ;

L'antique masse en feu, qui n'était qu'incendie,
En se disséminant d'astre en astre attiédie,
A perdu sa fureur dans les mondes nouveaux ;

Mais c'est sur leur écorce éteinte que la flamme
Se transforme, vouée à de sombres travaux,
En force pour la lutte et pour l'angoisse en âme.

VOIX D'UN SONGE.

Au seuil de son âme arrêté
J'écoute son somme et j'hésite ;
Je ne sais pas si ma visite
Lui vaudrait mieux que ce Léthé...

Lui rendrai-je la trop chère ombre
D'un douloureux passé d'amour ?
Non ! le réveil serait plus sombre,
Plus désert, par ce vain retour.

Mais si je lui montrais la Gloire
Sonnant ses vers sous un laurier ?
Non ! devant son humble écritoire
Mes clairons pourraient l'éveiller.

Si je lui montrais toute nue
La Vérité qui l'a séduit ?
Elle est moins cruelle, inconnue.
Qu'il ne rêve pas cette nuit !

DEUXIÈME VEILLE

ENTRE ESPÈCES

ARGUMENT

La science ne découvre aucune justice dans les relations des espèces entre elles. Les espèces ne subsistent qu'aux dépens les unes des autres par une incessante immolation des faibles.

DEUXIÈME VEILLE

ENTRE ESPÈCES

LE CHERCHEUR.

Étoiles, vos regards font plier les genoux !
L'appel de l'infini sous vos longs cils palpite !
Mais, si sombre que soit la terre, et si petite,
Commençons par la terre, elle est proche de nous.

L'homme est par le labour son plus intime époux ;
L'indifférent soleil de loin la sollicite,
Mais lui, qui de ses fruits guette la réussite,
Passe toute l'année à lui tâter le pouls.

Ce monde étant le seul que j'étreigne et pénètre,
J'y dois chercher d'abord ce que je veux connaître,
Et je consulterai les autres à leur tour.

Je vais donc l'ausculter, pour voir si d'aventure
N'y siègent pas d'un Dieu la justice et l'amour,
Si la terre n'est pas le cœur de la Nature.

UNE VOIX.

Ah! ne lui demandons pas tant!
Pour moi, cette planète où j'aime,
Où j'espère dès que je sème,
Où je mérite en combattant,

Dont la surface ample et féconde
Prodigue à mes vœux tous les jours
Tant de trésors si je la sonde,
D'horizons si je la parcours,

Cœur du monde ou tas de poussière,
En paix j'y travaille et j'y dors;
Elle est belle, elle est nourricière;
Éperdument j'y plonge et mords!

La Nature en ce cher asile
Met ses élus, non ses maudits.

LE CHERCHEUR.

Ce qu'elle y met de paradis
M'a rendu le goût difficile.

Je laisse dans leur nuit faire leur somme épais
Les pierres, les métaux, tous les êtres inertes,
Où rien ne retentit ni des gains ni des pertes
Qui les changent toujours sans les tuer jamais.

J'ai perdu le sommeil qu'auprès d'eux je dormais ;
Mais je sens l'âme en moi des multitudes vertes
Dont les plaines jadis étaient toutes couvertes,
Et je sais les combats de leur menteuse paix ;

Je me sens oppressé dans les germes qu'étouffe
Des fougères d'alors la gigantesque touffe,
Où le silence est fait d'impuissance à gémir.

Oh ! qu'il en périra de flores faméliques,
Pour qu'en l'âge tardif du soc et du zéphyr
Fleurissent des épis les blondes républiques.

UNE VOIX.

Le poète anime la fleur
Des rêves dont son âme est pleine,
Le parfum lui semble une haleine,
La goutte de rosée un pleur.

Qu'en croirai-je? Oh! la fleur vit-elle?
Passe-t-il un frisson nerveux
Dans la feuille, verte dentelle
Aux fils plus fins que des cheveux?

La corolle, que la lumière
Fait s'entr'ouvrir, et qui la suit,
Est-ce une ébauche de paupière
En vague lutte avec la nuit?

Dis-moi si, pour la rose, éclore
C'est naître, et s'effeuiller, mourir.

LE CHERCHEUR.

La sève que j'y vois courir
Est du sang déjà, pâle encore..

Nul germe en l'Univers ne tire du néant
De quoi fournir son type et tarir sa puissance ;
Chaque vie à toute heure est une renaissance
Où les forces ne font qu'un échange en créant.

Aussi tout animal, de l'insecte au géant,
En quête de la proie utile à sa croissance,
Est un gouffre qui rôde, affamé par essence,
Assouvi par hasard, et, par instinct, béant.

Aveugle exécuteur d'un mal obligatoire,
Chaque vivant promène écrit sur sa mâchoire
L'arrêt de mort d'un autre, exigé par sa faim.

Car l'ordre nécessaire, ou le plaisir divin,
Fait d'un même sépulcre un même réfectoire
A d'innombrables corps, sans relâche et sans fin.

UNE VOIX.

Comme une vasque trop peu large
Déverse l'onde par ses bords,
La terre étroite se décharge
Du flot surabondant des corps ;

Elle n'en borne pas le nombre,
Car peu d'êtres une fois nés
Regrettent le silence et l'ombre,
A sa mamelle cramponnés !

Et quelle vierge n'aventure
Au souffle obsédant de l'amour
Le nœud léger de sa ceinture,
Fière de souffrir à son tour ?

Vis donc ! c'est la loi générale,
Et mange comme tu pourras !

LE CHERCHEUR.

Une assez commode morale
A tiré la faim d'embarras.

Tout vivant n'a qu'un but : persévérer à vivre ;
Même à travers ses maux il y trouve plaisir ;
Esclave de ce but qu'il n'eut point à choisir,
Il voue entièrement sa force à le poursuivre.

Ce qui borne ou détruit sa vie, il s'en délivre ;
Ce qui la lui conserve, il tâche à s'en saisir :
De là le grand combat, pourvoyeur du désir,
Que l'espèce à l'espèce avec âpreté livre.

Ou tuer, ou mourir de famine et de froid,
Qui que tu sois, choisis ! sur notre horrible sphère
Nul n'évite en naissant ce carrefour étroit.

Un titre pour tuer, que le besoin confère,
Où la nature absout du mal qu'elle fait faire,
Un brevet de bourreau, voilà le premier droit.

UNE VOIX.

Il n'est ni bourreaux, ni victimes,
Il n'est pas même d'ennemis,
Quand les meurtres sont légitimes,
Par les décrets de Dieu permis !

Dans leur démêlé séculaire,
Qui n'est qu'un ordre violent,
Les espèces s'entr'immolant
Le font sans haine ni colère.

De là vient que nul repentir
Ne trouble la faim satisfaite ;
Que toute proie à sa défaite
Peut sans rancune consentir :

Elle tombe dans une guerre
Où chacun doit un jour tomber.

LE CHERCHEUR.

Ah ! les vaincus à succomber
Ne se résignent pourtant guère !

L'espace est plein des cris par les faibles poussés.
Comme à travers la nuit geignent les vents d'automne,
Sans cesse monte au ciel la plainte monotone
De ces vaincus amers, pleurants, ou courroucés.

Vous criez dans le vide ! assez de cris, assez !
Le silence du ciel, ô faibles, vous étonne :
Vous voulez que pour vous contre les forts il tonne ;
Vous imitez pourtant ceux que vous maudissez :

Quand vous leur imputez leur tyrannie à crime,
Est-il un seul de vous qui pour vivre n'opprime ?
Où la vie a germé, l'égoïsme a sévi.

Bien qu'elle soit petite et douce, votre bouche,
Elle est pourtant armée, et l'appel en est louche :
On sait à quels baisers elle a déjà servi.

UNE VOIX.

Baisers vibrants qu'aux fleurs mouillées
Portent les sonores essaims
Des abeilles ensoleillées,
Êtes-vous œuvres d'assassins ?

Baisers de la mère à la fille,
Baisers des frères et des sœurs,
Les agapes de la famille
Ont-elles souillé vos douceurs ?

Baisers des bouches rassemblées
Sur un front d'aïeul, baisers purs
Comme en versent les giroflées
Sous les vents d'avril aux vieux murs,

Ces bouches qu'une larme arrose
Ont-elles de féroces dents ?

LE CHERCHEUR.

La mort fait son œuvre au dedans,
Sombre sous des dehors de rose.

Ce précepte m'émeut : « Ne fais pas au prochain
Ce que tu ne veux pas qu'il te fasse à toi-même. »
Pourtant s'il le faut suivre en sa rigueur extrême
Il n'est d'autre avenir que de mourir de faim.

Vivre sans nuire ! O songe ambitieux et vain !
Le prochain, quel est-il ? Voilà le grand problème.
Qu'il végète ou qu'il pense, et qu'on l'abhorre ou l'aime,
Tout être a, dès qu'il sent, quelque chose d'humain.

Et n'alléguons jamais, meurtriers hypocrites,
La souveraineté que nous font nos mérites.
Tout vivant souffre, aucun ne s'est donné son rang.

L'homme civilisé, charité bien étrange !
N'appelle son prochain nul être dont il mange.
L'anthropophage est seul impartial et franc.

UNE VOIX.

Horreur! On ne sait si tu railles
Ou si toi-même tu te crois;
Laisse aux cyniques sans entrailles
Leurs sarcasmes hideux et froids.

Ce matin j'ai vu l'alouette,
Perçant l'air comme un point vermeil,
Avec le cri pur qu'elle y jette
S'évanouir dans le soleil;

Sa voix enchantait l'étendue;
Un trait d'archer l'a fait mourir.
La voix n'est pas redescendue,
J'en ai senti mon cœur souffrir...

Mais pour un oiseau qui succombe,
L'amour au ciel en rend bien deux!

LE CHERCHEUR.

Je pense aux morts; toi, si tu peux,
Chante l'amour sur l'hécatombe.

Toujours grave en tuant, le fauve carnassier
Bondit, abat sa proie, et mange, grave encore ;
L'homme, joyeux convive, assaisonne et décore
La chair qu'il engraissa pour le plomb ou l'acier.

D'où vient que, pour lui seul scrupuleux justicier,
Ce tueur, sans pitié pour la faune et la flore,
Châtie en l'homicide un crime qu'il abhorre
Et dans la chasse impie admire un jeu princier ?

Le même acte, en dépit des mots dont on le nomme,
S'il n'est crime envers tous, ne l'est point envers l'homme,
Et s'il est crime en haut, l'est à tous les degrés.

O morale, n'es-tu qu'un pacte entre complices ?
Pourquoi ton équité, bonne pour nos polices,
Ne nous rend-elle pas tous les êtres sacrés ?

UNE VOIX.

Rêveur, tu parles en profane !
Le plus juste peut s'oublier,
Quand il est rué par Diane
Sur les traces d'un sanglier !

Ne connais-tu pas ce délire ?
L'ouragan des chiens, leurs abois,
Et la fanfare qui déchire
La tressaillante horreur des bois !

L'hallali ! l'assaut du colosse
Qui se débat, les chiens au flanc,
Secouant leur grappe féroce
Dans les entrailles et le sang !

Nulle jeune et guerrière envie
N'émeut donc l'audace en ton cœur ?

LE CHERCHEUR.

J'ai mis mon zèle et ma vigueur
A sonder mon droit sur la vie.

Tantôt je prends l'acier, j'en avive le fil
Et je tranche la chair en convive impassible :
Je me semble être un roi, comme l'entend la Bible
Qui déclare saint l'homme, et tout le reste vil.

Tantôt j'ai le soupçon d'un infini péril,
Et je crois me sentir l'humble et lointaine cible
D'un centaure céleste à la flèche invisible ;
Il passe en moi l'éclair d'un effroi puéril.

Hélas ! à quels docteurs faut-il que je me fie ?
La leçon des anciens, dogme ou philosophie,
Ne m'a rien enseigné que la crainte et l'orgueil ;

Ne m'abandonne pas, toi, qui seule, ô Science,
Sais forger dans la preuve une ancre à la croyance !
Le doute est douloureux à traîner, comme un deuil.

UNE VOIX.

Voici l'aube ! — éteins ta veilleuse ! —
L'aube au tendre éblouissement,
L'aube suave et merveilleuse
Qui nous fait sourire en dormant :

Par les fentes des portes closes
Regarde pendre au bord des lits,
Parmi les raisins et les roses,
Les bras lents des amants pâlis...

Écoute au loin la voix d'Horace :
Il t'invite à cueillir le jour ;
Lydie en s'éveillant l'embrasse :
Imite leur facile amour !

Chasse la sombre maladie
Qui trouble tes nuits, insensé...

LE CHERCHEUR.

Quand Horace a chanté Lydie,
Mon siècle n'avait point pensé.

TROISIÈME VEILLE

DANS L'ESPÈCE

ARGUMENT

Les relations des individus entre eux, dans l'espèce, sont régies par des affections étrangères à la justice. La conservation de l'individu fort y est assurée par son propre égoïsme, et celle du faible par des instincts dérivés de l'égoïsme, qui lient l'intérêt des forts au sien. Ces instincts, conscients dans l'espèce humaine, y deviennent les principaux sentiments, où la raison ne découvre pas davantage l'inspiration de la justice.

TROISIÈME VEILLE

DANS L'ESPÈCE

LE CHERCHEUR.

Justice, mes regards ne t'ont pu découvrir
Chez les vivants distincts de figure et d'essence.
Chez ceux de même forme et de même naissance,
Dans notre espèce, au moins, te verrai-je fleurir ?

Je vois bien, parmi nous, des frères se chérir,
Des amis séparés que fait pleurer l'absence,
De pudiques beautés qu'un amour pur encense,
Des mères par tendresse heureuses de souffrir.

Je sais que ces penchants, seuls dompteurs de nos pères,
Ont changé, par l'amour, en foyers les repaires,
En cités, par le droit, les foyers respectés ;

Mais je tremble qu'en nous ces antiques mobiles
Ne soient à notre insu d'égoïsme infectés,
Sur leur humble origine à nous tromper habiles.

UNE VOIX.

Poëte, que rendent jaloux
L'amour constant des tourterelles,
Devant nos sanglantes querelles
La paix qui dure entre les loups,

Le sûr voyage des cigognes
Qui n'ont pour guide que le ciel,
Devant nos pénibles besognes
L'œuvre exquise d'où sort le miel !

S'il est vrai que Dieu se devine
Dans ces instincts fiers ou touchants,
Diras-tu qu'elle est moins divine
La source des humains penchants ?

Reconnais-y la Providence
Plus sage que ta volonté.

LE CHERCHEUR.

Certes, à défaut de bonté,
La Nature a de la prudence !

Elle a su conformer les vouloirs à ses plans
Par un ressort profond qui les meut à sa guise ;
L'appétit seul, qu'un nom plus ou moins beau dégu
Règle de tous les cœurs les vœux et les élans.

L'élite des mortels croit, depuis deux mille ans,
Cueillir les divins fruits d'une morale exquise ;
Mais sa foi, c'est, au fond, l'appétit qui s'aiguise,
Courant aux palmes d'or comme jadis aux glands.

La Nature n'a pas, quand une espèce est née,
Confié son salut, remis sa destinée
A des gardiens d'un zèle arbitraire et gratuit ;

Non ! l'œuvre utile à tous est à chacun prescrite
Par les propres besoins de son cœur, que séduit
Un illusoire appât d'ivresse ou de mérite.

UNE VOIX.

Ainsi, pas de noble action !
Il n'en est pas de méritoire !
Vertu ! sacrifice ! à t'en croire,
Tout cela n'est qu'illusion !

Comment, sans s'indigner, t'entendre?
Le doute règne, la foi dort,
Socrate est mort, le Christ est mort,
Ils ne peuvent plus se défendre.

Mais nous que leur exemple a faits,
Nous, disciples de leur supplice,
Souffrirons-nous qu'on avilisse
La sainteté de leurs bienfaits?

O monstre, jusque chez les bêtes
Le dernier des cœurs te dément !

LE CHERCHEUR.

Viens sonder les cœurs froidement
Si tu ne crains pas mes enquêtes.

La Nature, implacable, aux rigueurs de ses lois
Abandonne l'obscur et faible satellite,
Et dans la grande lice où tout être milite,
Parmi les combattants, ne sauve que les rois.

Mais il est nécessaire au progrès de ses choix
Que sa fécondité jamais ne périclite,
Qu'une autre multitude enfante une autre élite
Où l'espèce survive et s'élève à la fois.

Tout doit donc pulluler. Aussi combien elle use,
Pour remplacer les morts, de génie et de ruse !
Mille instincts y pourvoient, sublimes s'il le faut !

Bien qu'au salut commun l'espèce l'asservisse,
L'égoïsme pourtant n'est pas mis en défaut :
C'est l'intérêt du cœur qui pousse au sacrifice.

UNE VOIX.

Peux-tu nier le grand duel
Entre l'agréable et l'honnête,
Qui depuis Hercule, ô poète,
Est si clair, étant si cruel !

Ah ! toi-même, quand pour bien faire
Ta volonté combat tes vœux,
Tu sens ce que ton goût préfère,
Et c'est l'opposé que tu veux.

Laisse-toi croire qu'il existe
Dans le devoir un noble amour,
Plus fort que l'amour égoïste,
Un dévoûment sans nul retour !

Souffre que cette foi profonde
Te console de t'immoler !

LE CHERCHEUR.

C'est pour m'instruire que je sonde,
Et non pas pour me consoler.

L'égoïsme est aveugle entre espèces : chacune,
Viable sur la terre à force d'avoir nui,
De ses derniers vaincus se repaît aujourd'hui,
Sans que nulle pitié, nul remords l'importune.

L'égoïsme entre égaux veille à la paix commune :
L'être le plus féroce épargne alors autrui,
Parce qu'il reconnaît sa propre vie en lui,
Et fait sur lui l'essai de sa propre fortune.

Le fraternel instinct n'est donc pas généreux :
Les loups sans hésiter se mangeraient entre eux,
S'il n'importait à tous que leur chair fût sacrée ;

Mais l'espèce, attentive en chaque individu,
Persuade au loup même, à qui la chair agrée,
Que celle du loup seul est un mets défendu.

UNE VOIX.

La fin commune pressentie,
Le lien du sang deviné,
C'est déjà de la sympathie !
Où le sang parle, un cœur est né !

Un cœur bat où la moindre fibre
Aux appels d'une autre répond ;
Du tumulte immense où tout vibre
Se dégage un concert profond !

Le conflit des êtres ressemble
Au prélude où chaque instrument
S'essaie, hésite, et pour l'ensemble
Cherche le ton séparément ;

J'en entends plus d'un qui s'accorde
A ce ton divin qu'il cherchait !

LE CHERCHEUR.

Je ne vois pas lever l'archet,
J'entends partout grincer la corde.

L'Amour avec la Mort a fait un pacte tel
Que la fin de l'espèce est par lui conjurée.
Meurent donc les vivants ! la vie est assurée :
L'Amour dresse, au milieu du charnier, son autel !

Tous lui font un suprême et souriant appel ;
Comme, avant de servir aux tigres de curée,
Tous les gladiateurs saluaient la durée
Et la gloire du peuple, en son maître immortel.

Amour, qui, façonnant ta victime à sa tâche,
La rends brutale et souple, aventureuse et lâche,
Pour abattre ou tourner la barrière à tes vœux,

Amour, ne ris-tu pas des roucoulants aveux
Que depuis tant d'avrils la puberté rabâche,
Pour en venir toujours (triste après) où tu veux ?

UNE VOIX.

Les roucoulements des colombes,
Les serments des cœurs amoureux,
Ne remplissent jamais les tombes
Avant d'avoir fait des heureux.

Les yeux ardents devenus graves,
C'est le désir évanoui
Qui remercie en pleurs suaves
Le bonheur dont il a joui.

Souviens-toi de la bien-aimée :
Elle a souri ! tout peut finir,
Ton âme en demeure charmée
Pour un éternel avenir !

Dans ton impure calomnie
Souviens-toi de ses yeux baissés.

LE CHERCHEUR.

Hâte donc plutôt l'agonie
Des souvenirs qu'ils m'ont laissés !

Dans l'œil indifférent des vierges, ô Nature !
Tu fis bien d'allumer un céleste flambeau :
Si fort que soit l'attrait d'un corps novice et beau,
C'est grâce à l'Idéal que l'humanité dure.

Le dégoût de peupler une terre aussi dure
Eût peut-être aboli ce frêle et fier troupeau,
Si d'un vain paradis quelque vague lambeau
N'eût flotté pour le cœur plus haut que leur ceinture.

Le soir, quand l'Idéal, complice de tes fins,
Sous le nom de pudeur leur fait des yeux divins
Dont les longs cils penchés ont un attrait de voiles,

Leur regard, fourvoyé par l'ennui vers le ciel,
Paraît, en se baissant, nous offrir des étoiles ;
Et nous nous approchons ! voilà l'essentiel.

UNE VOIX.

Si la pudeur même est suspecte
A ton scepticisme brutal,
Ah! que du moins il y respecte
La foi du cœur dans l'Idéal!

Quelle est donc l'infâme querelle
Qu'au nom du sang tu chercheras
A la grâce surnaturelle
De la Vénus qui plaît sans bras?

Est-ce donc l'espoir d'une étreinte
Qui nous touche en ce marbre dur?
La pierre d'idéal empreinte
Est la chaste sœur de l'azur!

N'épargneras-tu point ta bave
A la candeur de la beauté?

LE CHERCHEUR.

Je sens sa chaîne à mon côté,
Mais mon front n'est pas son esclave.

Charmeuse du vouloir et fléau de l'honneur,
Il n'est pas de remords que la Beauté n'endorme :
Quel saint n'a fait un jour le sacrifice énorme
D'un paradis futur à son joug suborneur ?

Qu'aveugle à son mirage un tiède raisonneur,
Pour savoir ce qu'elle est, chez Platon s'en informe !
Elle est, pour qui la voit, l'irrésistible forme
Qui se rend préférable à tout, même au bonheur.

C'est que l'intégrité du moule de la race
Est confiée au choix que la Beauté vous trace,
Amants qu'elle apparie et force à se choisir !

Et chez les bêtes même, un sens de la figure,
Où l'œil révèle au sang sa préférence obscure,
Assortit les époux qu'accouple le désir.

UNE VOIX.

Ne vois-tu partout qu'égoïsme
Transformé selon les destins?
Ah! salue au moins l'héroïsme
Dans le plus sacré des instincts!

En hiver, quelle atroce louve
Malgré les fourches, les couteaux
Et les chiens des bergers, ne trouve
De quoi nourrir ses louveteaux?

Quelle tigresse ne s'affame
Pour ses petits, quand ils ont faim?
Et que n'ose risquer la femme,
Quand ses enfants n'ont plus de pain?

Ah! la tendresse maternelle
Atteste un cœur dans l'infini!

LE CHERCHEUR.

Il fallait bien tenir uni
Le fruit du ventre à la mamelle.

Avant les animaux, quand régnait la forêt,
Seule à têter le sein de la terre en gésine,
La nourriture, humeur abondante et voisine,
Où tombait la semence, au rejeton s'offrait.

L'air s'épure, et la chair libre et pauvre apparaît,
Forcément *chasseresse*, étant fleur sans racine ;
Mais la progéniture, avant qu'elle assassine,
Doit, trop faible d'abord, trouver du sang tout prêt.

Il faut que la femelle avec son sang l'élève ;
Nourrice, elle est encore une tige, où la sève
Monte au fruit suspendu, mais déjà détaché.
.

Ce fruit, le sien, le seul aimé, *c'est elle-même*,
C'est l'extrait de son être à ses flancs arraché :
La Nature est habile et sait bien ce qu'on aime.

UNE VOIX.

Écoute, écoute retentir
Les cris d'héroïque tendresse,
Comme un reproche à ton adresse
Amassés pour te démentir,

Tous les cris poussés par les mères,
Depuis l'enfantement d'Abel
Jusqu'aux grandes douleurs dernières
D'où naîtra le dernier mortel !

Quelle grandeur n'as-tu flétrie ?
Mais, sans nier toute vertu,
Par quel doute aviliras-tu
Le saint amour de la patrie ?

Sauverai-je ce dévoûment
De tes subtilités maudites ?
Je les crains : oublie en dormant
La réponse que tu médites.

QUATRIÈME VEILLE

ENTRE ÉTATS

ARGUMENT

Le poëte ne trouve pas la justice dans les relations des États entre eux. Ils se comportent comme les espèces entre elles, à cela près que la violence s'y complique de plus de ruse, et que l'effusion du sang n'y est pas réglée par la stricte exigence des besoins.

QUATRIÈME VEILLE

ENTRE ÉTATS

Il fait nuit, c'est la fin des pas et des clameurs;
Le marchand de ses gains double en songe la somme,
Le manœuvre s'affaisse et cuve son rogomme,
La galère partout a vaincu ses rameurs.

Tous les bruits de la vie en confuses rumeurs
Expirent dans la brise aux pieds de l'astronome ;
On sent planer la trêve éphémère du somme
Sur la ville, tombeau d'innombrables dormeurs.

Le prochain cimetière a des lits plus durables.
Où serait le grand mal si tous ces misérables,
Malheureux ou méchants, ne se réveillaient pas ?

Ne peux-tu, Zodiaque, achever ta tournée
Sans le secours de l'homme, infirme et sitôt las ?
Toi, Terre, ouvrir demain, sans peuples, la journée ?

UNE VOIX.

Les peuples ont pour mission
De vaincre et d'ennoblir la terre !
Chacun d'eux avec passion
Chérit le sol héréditaire ;

Et quand par des envahisseurs
Une glèbe en est offensée,
Le soldat baise au front ses sœurs
Et sur les yeux sa fiancée ;

Il part. Hélas ! un bien-aimé,
Un frère, un fils ! qui le remplace ?
Mais la famille en vain l'enlace :
Pour la patrie il s'est armé !

Son front sous le baiser s'incline,
Et se redresse après l'adieu.

LE CHERCHEUR.

Mais on lui facilite un peu
La vertu par la discipline.

Le chef n'est qu'un roseau ; son ordre, un peu de vent ;
Mais le soldat l'ignore. Un champ de Mars ressemble
Au cirque où des lions côte à côte vont l'amble,
Pour obéir au fouet qui règne eh les bravant.

Il marche à droite, à gauche, en arrière, en avant,
Comme on veut, le troupeau formidable qui tremble !
Mais vous qui lui montrez comment on marche ensemble,
Prenez garde qu'un jour il ne soit trop savant :

Montant de proche en proche, un seul refus tenace
A l'impuissante voix qui commande et menace,
Vous dégraderait tous, du caporal au roi !

La discipline est l'art de faire craindre une ombre,
L'art de magnétiser la force par l'effroi,
En trompant l'unité sur le pouvoir du nombre.

UNE VOIX.

Tais-toi ! le doute empoisonneur
Te souffle un langage de traître !
Un officier n'est pas un maître :
En lui l'obéi, c'est l'honneur !

Il porte la patrie entière
Dans sa pensée et dans ses yeux ;
Toutes les âmes des aïeux
L'accompagnent à la frontière ;

Tous les défenseurs sur ses pas
S'y précipitent avec rage,
Sous l'aiguillon seul du courage,
Qu'il leur apprend s'ils ne l'ont pas !

Le soldat, l'œil plein d'étincelles,
Court au canon sur lui braqué !

LE CHERCHEUR.

Ce lion retourne aux gazelles,
Aussitôt qu'il n'est plus traqué.

Quand deux États rivaux, aux bornes mitoyennes,
Pour se les disputer lèvent leurs étendards,
Et qu'après maint exploit, tous, conscrits et soudards,
Ont amplement fourni la pâture aux hyènes,

Il se peut qu'en changeant les frontières anciennes
La victoire à l'aveugle ait mieux taillé les parts,
Ou que le favori de ses sanglants hasards
Occupe iniquement les terres qu'il fait siennes :

N'importe ! quels qu'ils soient, les arrêts du canon
Demeurent viciés, équitables ou non :
La sentence du meurtre est toujours immorale.

Chaque ennemi par l'autre est devant Dieu cité ;
Mais le juge est suspect dans chaque cathédrale,
Où l'encens le provoque à la complicité.

UNE VOIX.

L'histoire abonde en grands exemples
De la justice du vrai Dieu ;
Sous mille noms, dans tous les temples,
C'est lui qui pèse chaque vœu.

Des temples grecs que le temps mine
Il est tombé plus d'un fronton,
Depuis les flots de Salamine
Jusqu'aux herbes de Marathon ;

Mais aucun siècle ne déchire
Le livre où chaque race apprend
La morsure de Cynégire,
La palme du coureur mourant !

Et l'arrêt de Dieu qui les juge
Aux cultes grecs a survécu.

LE CHERCHEUR.

Ton juste Dieu n'est qu'un transfuge
Aux yeux du Roi des rois vaincu !

L'arbre des races pousse autrement que le chêne,
Qui du sol ténébreux fait monter au ciel clair
Son feuillage unanime et populeux dans l'air,
Par des rameaux sans nombre enchevêtrés sans gêne ;

Il ne circule pas une sève homogène
Dans cet arbre saignant à l'écorce de chair,
Et jamais les rameaux n'y fleurissent de pair :
Où triomphe une race, une autre est à la chaîne.

L'humanité plutôt ressemble à ces forêts
Où la plus forte essence accomplit son progrès
Par l'étouffement lent de ses faibles cousines,

Où sous les vents d'orage un végétal géant,
Foulant de ses bras lourds les floraisons voisines,
Les brise, les effeuille et les met à néant.

UNE VOIX.

Non, non ! l'espèce humaine est une :
Tous les peuples sont différents
Par le climat et la fortune,
Mais, par l'âme et le corps, parents !

Leurs débuts sont tous comparables ;
Leurs progrès se sont ressemblé :
Où les déserts étaient arables
Partout des socs ont fait du blé !

Leurs mœurs et leurs lois sont diverses ;
Mais les fils, quand l'aïeul n'est plus,
Partout aux licences perverses
Opposent des pactes conclus.

Le prêtre partout prie, et lave
Par quelque baptême les fronts.

LE CHERCHEUR.

Garde-toi d'omettre l'esclave :
Partout aussi nous le verrons.

Tel homme à tel autre homme est souvent plus contraire
Que la lumière à l'ombre et que l'onde au rocher.
L'esprit qui les compare et les veut rapprocher
Abuse impudemment de son besoin d'abstraire.

Ton sang peut à ma lèvre imposer le mot frère,
Mais ce mot, il ne peut à mon cœur l'arracher :
Tel me parle en ma langue, et me reste étranger ;
Je l'entends malgré moi siffler, rugir ou braire.

Le sang est-il tout l'homme, et la fraternité,
Pacte d'amour juré sans la main ni la bouche,
N'est-elle que le nœud des corps de même souche ?

Un roi nègre est issu (pour le moins imité)
Du gorille, et par l'âme et la forme il y touche
De plus près que mon chien, frère sans vanité.

UNE VOIX.

Blanc, jaune ou noir, et qu'il se nomme
Français, Chinois, Éthiopien,
On salue un juge en tout homme ;
Et ce respect prouve un lien.

Pour titre à subjuguer la bête
Tandis que le besoin suffit,
On allègue un droit de conquête
Quand c'est l'homme qu'on asservit ;

Car l'esclave est juge, et le maître
Qui le traite en pur animal
Craint tout bas de ne lui paraître
Qu'une brute faisant du mal.

L'instinctif hommage à l'espèce
Du nœud qui la forme est témoin.

LE CHERCHEUR.

Qui n'a tué d'un signe, au loin...
Le mandarin dans l'ombre épaisse ?

C'est du conflit des corps que le droit est venu.
Si l'homme était une ombre, ou qu'il fût solitaire
Et qu'il se pût nourrir comme il se désaltère,
D'un peu d'eau, fruit du ciel, sans culture obtenu,

Tout désir ne serait qu'un souhait ingénu,
Du pouvoir de jouir aiguillon salutaire,
Et le besoin, sans nom, serait mort-né sur terre ;
Le mot justice même y serait inconnu ;

Exempte d'imposer ou subir un partage,
La vie, essor sans cesse élargi davantage,
S'épandrait sans donner ni recevoir de heurt.

Mais nos prisons de chair se disputent l'espace,
La place de tes pieds, il faut que je m'en passe :
Toujours d'un droit qui naît une liberté meurt.

UNE VOIX.

Qu'importe ! Demande à Virgile
Si, devenus ombres, les morts
Ne pleurent pas l'épaisse argile
Dont jadis étaient faits leurs corps :

Dans leur impalpable substance
Ils ne peuvent plus se léser ;
Mais, n'ayant plus de consistance,
Leurs lèvres n'ont plus de baiser ;

Leurs bras, ouverts comme les nôtres,
Se referment sans presser rien ;
Indépendants les uns des autres
Ils souffrent d'errer sans lien ;

Oh ! les chaînes leur font envie :
Ils ne sont que trop peu gênés !

LE CHERCHEUR.

Entre eux n'étaient-ils enchaînés
Que par la caresse, en leur vie ?

Le sang, de corps en corps, circule entre animaux :
Le meurtre le répare, en même temps qu'il l'use,
La faim quotidienne en ose ouvrir l'écluse,
Mais n'en ose lever que les tributs normaux ;

L'homme, lui seul, dans l'homme en crève les canaux
Par le fer et le plomb, sans la faim pour excuse ;
Partout, mettant la force aux ordres de la ruse.
Le dragon de la guerre a rougi ses anneaux.

Nature, as-tu créé des races ennemies
Pour balancer l'excès de tes économies
Par des crédits ouverts brusquement à la mort ?

Ne valait-il pas mieux modérer les naissances
Que d'en abandonner l'équilibre au plus fort,
Qui décime sans choix les fronts que tu recenses ?

UNE VOIX.

Regrette le sang répandu,
Mais non les batailles ; mesure,
Non la largeur de la blessure,
Mais à quel prix il fut vendu !

Les animaux vivent et meurent
Sans patrimoine à féconder ;
Leurs lois, qu'ils n'ont pas à fonder,
Sans progrès ni déclin demeurent.

Mais pour que tout le genre humain
De plus en plus fleurisse et vaille,
Chaque peuple à son tour travaille,
S'il le faut, le glaive à la main :

Puissant ou faible, il fait la guerre
Pour la gloire ou la liberté !

LE CHERCHEUR.

Ces biens, j'en connais la cherté,
Le titre illusoire et précaire.

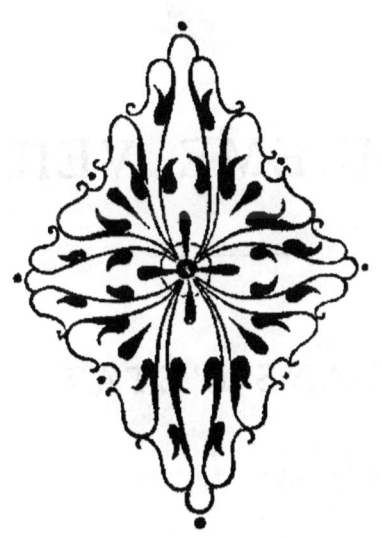

CINQUIÈME VEILLE

DANS L'ÉTAT

ARGUMENT

Le pur souci de la justice ne règle pas les mutuelles relations des individus dans l'État. La diversité de leurs appétits, de leurs caractères et de leurs conditions, les oppose les uns aux autres, comme s'opposent entre elles les espèces différentes. Leurs ambitions s'y tiennent en échec, et leurs forces en équilibre, par une reconnaissance de droits, que détermine, non l'amour de la justice, mais un intérêt de réciprocité. Les cités se fondent, prospèrent et périssent sous l'action constante du besoin. Les bienfaits progressifs de la civilisation ne se répartissent pas selon la justice.

CINQUIÈME VEILLE

DANS L'ÉTAT

LE CHERCHEUR.

Les besoins sont, hélas ! des douleurs agressives.
Repu, le tigre est tendre, il lèche ses petits ;
Mais quand monte le flux de ses grands appétits,
Il découvre en miaulant ses crocs jusqu'aux gencives.

Satisfait, l'homme est doux, ses haines sont oisives;
Mais quand les vrais besoins aux conseils de bandits
Le poussent, maigre, au seuil des festins interdits,
Il montre à nu ses droits comme des incisives.

O Lycurgue, ô Solon, vos lois sont un rempart
Que ronge nuit et jour la meute inassouvie,
Dont l'instinct pour sévir attend votre départ;

Car dans l'espèce humaine, aux codes asservie,
Entre les combattants du champ clos de la vie
Vous limitez le droit sans assurer la part.

UNE VOIX.

Les chartes naissent des discordes.
Songe aux temps des désirs sans lois,
Quand erraient en farouches hordes
Les premiers hommes dans les bois;

Vois-les tout nus livrer bataille
A des animaux insoumis
Monstrueux de forme et de taille,
Vois-les tous entre eux ennemis.

Aux engins de chasse et de pêche,
Aux armes, vois-les tour à tour
Adjoindre le fuseau, la bêche,
Puis le bœuf instruit au labour;

A la tente de peaux compare
Le stable abri, même d'un gueux.

LE CHERCHEUR.

Je vois l'appétit, moins fougueux,
Redevenir aussi barbare.

Le besoin, fondateur des États, les détruit.
D'abord, dans la tribu, les mœurs patriarcales
Mesurent le travail aux forces inégales,
Et selon l'âge et l'œuvre en partagent le fruit.

Puis l'orgueil des aînés, le premier mur construit,
La guerre, l'or conquis sur les cités rivales,
Les trompettes d'airain des marches triomphales,
Enseignent le loisir, le faste et le vain bruit.

Les captifs sont changés en instruments serviles
Pour féconder les champs et décorer les villes,
Bienfaiteurs méprisés par les vainqueurs ingrats.

Puis, de ses vieux tyrans famélique nourrice,
La plèbe arme contre eux sa haine accusatrice,
Ou n'a, pour les punir, qu'à se croiser les bras.

UNE VOIX.

Elle aime mieux lutter sans trêve,
Et d'âge en âge s'enrichir,
Et s'éclairer, pour s'affranchir.
Le progrès ne fait jamais grève !

Pendant que le victorieux
Déchoit, moins brave et moins robuste,
La table des lois passe au juste,
Et la terre aux laborieux ;

L'échange et l'équité compensent
Et mêlent les fruits différents ;
Ceux-ci labourent, ceux-là pensent,
Tous alliés, tous conquérants !

Sur les castes, sur les frontières
Les siècles passent leurs niveaux !

LE CHERCHEUR.

Je vois toujours mêmes rivaux :
Les fauves et les bestiaires.

Brute qui bats ta femme et dis : « Mort aux tyrans ! »
Qui ne lui parles point sans l'appeler carogne,
Et, misérable roi, t'indignes sans vergogne
De n'être pas nommé citoyen par les grands !

Et toi, plus insensé, né dans les premiers rangs,
Qui, réprouvant cet acte et ce propos d'ivrogne,
Trouves le meurtre en masse une noble besogne,
Et t'adonnes, plus vil, à des vices moins francs !

Par le sang de la guerre ou par le vin du bouge
Grisés comme taureaux affolés par le rouge,
Qui peut croire qu'un jour vous vous embrasserez ?

Qui jamais abattra le rempart séculaire
Fait de pavés croulants, de trônes effondrés,
Qu'entre vous ont dressé la peur et la colère ?

UNE VOIX.

Je sais, je sais quel souvenir
T'obsède et t'assombrit encore :
Le plus difficile à bannir
Est toujours celui qu'on abhorre.

L'histoire sans sérénité
N'est pourtant qu'une calomnie ;
Vois d'assez haut l'humanité
Pour en embrasser l'harmonie ;

Pour y mieux juger, de moins près,
L'ordre futur qui s'y dessine,
Le peuplier qui prend racine
Et va dépasser les cyprès ;

Pour voir enfanter la justice
Loin des cris de l'accouchement !

LE CHERCHEUR.

Je doute fort qu'il aboutisse,
L'accoucheur y va mollement.

Au fond, posséder tout, hommes, bêtes et choses :
Les hommes, par le droit, la guerre, ou le discours ;
Les bêtes, sans pudeur, par des moyens plus courts ;
Les choses, par l'argent et les murailles closes ;

C'est votre but secret, bons rois maudits sans causes,
Doux marchands, ouvriers équitables toujours,
Laboureurs, si naïfs étant nés loin des cours,
Penseurs amis du vrai, rêveurs amants des roses.

Oh ! qui n'envie un peu le trésor de Crésus,
La force de César, le charme de Jésus,
Tous les pouvoirs fameux qui règnent sur le monde ?

Qui ne sent un désir trop avide et trop fier
Égaré dans son cœur, comme au fond de la mer
Roule une coupe d'or sous la vase profonde ?

UNE VOIX.

Cette coupe d'or du désir,
Vers tous les infinis tendue,
Nous est offerte, et nous est due,
Car seuls nous la pouvons saisir !

Les siècles tour à tour y viennent
Verser leur tribut au nectar
Que font plus doux ceux qui la tiennent
Pour ceux qui la tiendront plus tard !

S'il s'y mêle encore une haleine
De fange, de sang et de fiel,
Devons-nous dédaigner son miel,
Ou la renverser presque pleine ?

Elle n'est jamais sans saveur :
Un pleur même y devient suave !

LE CHERCHEUR.

Mais l'échanson, c'est un esclave ;
Un maître énervé, le buveur.

On voit des pucerons réduits en esclavage,
Rassemblés en troupeaux et traits par les fourmis ;
Le plus humble génie a des vaincus soumis,
Et l'on devient tyran dès qu'on n'est plus sauvage.

Combien d'humains troupeaux, fruits d'un docte élevage,
A qui les hauts loisirs ne sont jamais permis,
Et que, loin des forêts, sous le joug endormis,
L'antique faim toujours, mais plus lente, ravage !

Que de peuples se sont à se polir usés !
Nés fiers, et qu'ont rendus serviles et rusés
L'intrigue aux mille rets, l'échange aux mille chaînes !

Que de progrès honteux fit la peur de la mort,
Quand la paix sans amour, trêve instable des haines,
Déshonorant le faible eut désarmé le fort !

UNE VOIX.

Calomniateur! accompagne,
Accompagne en esprit mon vol;
Viens voir, du haut de la montagne,
Le labour enrichir le sol,

Les grandes villes boire aux fleuves,
Et des gravois des vieilles tours
Surgir gaîment les cités neuves,
Plus florissantes tous les jours.

L'œuvre des nobles servitudes,
Des pactes saints que tu maudis,
Succède au chaos d'herbes rudes
Où les fauves rôdaient jadis.

Salut à la terre promise
Où triomphe aujourd'hui l'espoir!

LE CHERCHEUR.

Trop d'hommes sont morts sans la voir,
Pour qu'un triomphe y soit de mise.

Nous prospérons ! Qu'importe aux anciens malheureux,
Aux hommes nés trop tôt, à qui le sort fut traître,
Qui n'ont fait qu'aspirer, souffrir et disparaître,
Dont même les tombeaux aujourd'hui sonnent creux !

Hélas ! leurs descendants ne peuvent rien pour eux,
Car nous n'inventons rien qui les fasse renaître.
Quand je songe à ces morts, le moderne bien-être
Par leur injuste exil m'est rendu douloureux.

La tâche humaine est longue, et sa fin décevante :
Des générations la dernière vivante
Seule aura sans tourment tous ses greniers comblés ;

Et les premiers auteurs de la glèbe féconde
N'auront pas vu courir sur la face du monde
Le sourire paisible et rassurant des blés.

UNE VOIX.

Notre sort sera misérable
Aux yeux de nos derniers neveux ;
Pourtant le leur, plus désirable,
N'est jamais l'objet de nos vœux :

C'est que les biens futurs ne peuvent
Nous tenter que s'ils ont des noms ;
Les biens connus seuls nous émeuvent,
Car seuls nous les imaginons.

Plains les morts d'avoir fait la perte
Du pauvre champ qu'ils ont aimé,
Mais non de n'avoir pas semé
La graine après eux découverte.

La richesse des cœurs suffit
De tout temps à dorer la vie !

LE CHERCHEUR.

Cet or-là fait peu de profit
A la fringale inassouvie !

Je sais donc maintenant, pour l'avoir affronté,
Quel monstre ancien, tapi sous sa brillante robe,
Aux regards éblouis l'humanité dérobe,
Quels aveugles instincts forment sa volonté.

Mais à voir son grand air, sa foi dans sa bonté,
Son rire olympien sur un infime globe,
Je cherche, en son cerveau malsain, l'étrange lobe
Où siège et se nourrit son orgueil indompté ;

J'y cherche le sinus profond où se recrute
Sous sa couronne d'or le vieux levain de brute
Qui fermente toujours, plèbe et tyrans, en vous.

Demander la justice à cette souveraine,
Autant la demander à quelque pauvre reine
Au bandeau de clinquant, dans une cour de fous !

UNE VOIX.

Dors ! tu sentiras à l'aurore
Je ne sais quel bien-être en toi,
Léger, sublime et sage, éclore,
Fait de gratitude et de foi.

A l'air terrestre, au jour solaire
Ouvrant les yeux et les poumons,
Tu laisseras le ciel te plaire
Et tu diras encore : « Aimons ! »

Car ce monde maudit, tu l'aimes !
Et, si la mort s'offrait ce soir,
Tu renirais tous tes blasphèmes,
Guéri de ton vain désespoir.

On se plaît à rêver qu'on sombre,
En s'endormant sûr du réveil.

LE CHERCHEUR.

Je crains la menace de l'ombre,
Mais je ne tiens plus au soleil.

SIXIÈME VEILLE

FATALISME ET DIVINITÉ

ARGUMENT

La justice, introuvable à la raison sur la terre, lui échappe également partout ailleurs. L'identité de la matière et celle de ses lois dans l'Univers entier permettent de douter qu'il y ait des mondes organisés plus moralement que le nôtre ; et la fatalité de la gravitation, qui entre dans la composition de tous les mouvements, permet de douter qu'il y en ait aucun de libre. Le concept de la Divinité déplace et complique la difficulté sans la résoudre rationnellement.

SIXIÈME VEILLE

FATALISME ET DIVINITÉ

LE CHERCHEUR.

Ce soir, comme un enfant que sa sœur a boudé
(La Muse au rendez-vous n'étant pas la première),
Je n'ai pas su chanter sans l'aide coutumière ;
A ma fenêtre alors je me suis accoudé.

Mais l'Infini non plus ne m'a rien accordé :
Dans l'archipel sublime aux îles de lumière,
Où l'âme au vent du large enfle sa voile entière,
J'ai promené l'espoir, et n'ai pas abordé.

De l'Ourse et des Gémeaux mes yeux ne sont plus ivres,
Depuis que, refroidis à la pâleur des livres,
Dans ces cruels miroirs ils cherchent des leçons.

Le ciel s'évanouit quand la raison se lève :
Les couleurs n'y sont plus que de subtils frissons,
Et toute sa splendeur a moins d'être qu'un rêve.

UNE VOIX.

Courbé sous ton pâle flambeau,
Que de chimères tu te crées,
Pendant qu'aux plaines éthérées
La Nuit mène son clair troupeau !

Poëte, la Lyre et le Cygne
Dorent le voile aérien ;
Tes astres mêmes te font signe,
Et tu ne leur réponds plus rien.

Tous les soleils auxquels tu penses,
Regarde-les se balancer ;
Contemple ces magnificences
Plus douces à voir qu'à penser !

Poëte ingrat, ton cœur se blase
Sur les ravissements d'en haut.

LE CHERCHEUR.

Malheur aux vaincus ! Il le faut :
Les nuits ne sont plus à l'extase.

Je contemplais les nuits sans nul présage amer,
Quand, jadis, me leurrait leur promesse illusoire,
Comme un enfant qui suit, du haut d'un promontoire,
Les feux rouges et bleus des fanaux sur la mer.

Mais aujourd'hui j'ai peur de l'uniforme éther :
Depuis que ma terrasse est un observatoire,
Je songe, connaissant la terre et son histoire,
Que tout astre, sans doute, a son âge de fer.

Tu seras terre aussi, toi qu'on nomme céleste,
Et tu te peupleras pour la guerre et la peste,
Étoile ; et je te crains, car j'ignore où je vais :

J'ai peur que les destins ne soient partout les mêmes,
Puisque le sort du monde est quelque part mauvais,
Et que les fins pour moi sont toutes des problèmes.

UNE VOIX.

Ne crois pas que les habitants
Des sphères où tu te fourvoies,
Y vivent tristes ou contents
Par nos douleurs ou par nos joies :

Autres sphères, autres désirs !
Et tes présomptions sont vaines ;
Cherche ailleurs nos futurs plaisirs,
Comme aussi nos futures peines.

Hors du lieu, les âmes des morts
Auront toutes, selon leurs fautes,
Des demeures plus ou moins hautes,
Dans un monde inconnu des corps.

Ne la cherche pas dans l'espace,
La Justice accomplie en Dieu !

LE CHERCHEUR.

Je ne conçois rien hors du lieu,
Notre avenir entier s'y passe.

Contre le ciel, Titans nouveaux, nous guerroyons ;
Où la fougue échoua, triomphe la tactique :
Un triangle l'atteint, debout sur l'écliptique,
Un cristal l'analyse en brisant ses rayons ;

Nous savons maintenant, par leurs échantillons,
Que les astres sont tous de matière identique,
Comme ils sont tous régis, dans leur fuite elliptique,
Par un même concert de freins et d'aiguillons.

De ces deux vérités la rigueur m'épouvante :
L'une ôte aux paradis que l'espérance invente
L'éclat surnaturel qu'admire l'œil fermé ;

L'autre me fait douter si mes vœux et mes gestes
Sont plus libres sur terre, où mon être a germé,
Que le vol de ce bloc dans les déserts célestes.

UNE VOIX.

Dieu seul fait le geste vivant !
Le fougueux élan de la terre
Ne fait pas l'essor volontaire
De la ronde où chante l'enfant ;

L'orbe immense que doit décrire
Ce vaste bloc inanimé,
Ne fait pas le pli du sourire,
Seul volontaire et seul aimé.

Non ! c'est une force princière
Qui dans toute chair veut et sent ;
C'est, mélangée à la poussière,
Une haleine du Tout-Puissant !

Et ce souffle à chaque être assigne
Avec sa dignité son rang.

LE CHERCHEUR.

Où le Destin règne en tyran
Est-il rien de digne ou d'indigne ?

L'enfant prête un vouloir libre et capricieux
Au papillon qu'il suit et qui toujours recule,
La fleur suit le soleil de l'aube au crépuscule,
Le zéphyr semble errer comme un lutin joyeux,

Chaque être a l'air d'agir comme il l'aime le mieux.
Cependant chaque atome aveuglément circule :
De l'haleine des vents la moindre particule
Doit son vol et sa route au branle entier des cieux ;

La plante est une horloge ; et sans se dire : « Où vais-je ? »
Le papillon voltige ainsi que flotte un liège,
D'équilibre et d'instinct tout son caprice est fait ;

Et la main qui l'a pris n'a pu faire autre chose.
Nul acte qui ne soit un nécessaire effet,
Nul effet révolté contre sa propre cause !

UNE VOIX.

Par je ne sais quoi de brutal
Et d'hostile à toute noblesse,
Un monde absolument fatal
Dans ma conscience me blesse !

Non ! le courage et la fierté
Ne permettront jamais qu'on nie
L'incompréhensible harmonie
Des lois et de la liberté !

Si le mystère que tu creuses
Confond les plus puissants esprits,
De simples âmes généreuses
Le prouvent sans l'avoir compris !

Arrière ta philosophie !
Moi je sais dès que mon cœur sent.

LE CHERCHEUR.

Pour moi, qui ne sais qu'en pensant,
Sentir à penser me convie.

Seul le plus fort motif peut enfin prévaloir :
Fatalement conçu pendant qu'on délibère,
Fatalement vainqueur, c'est lui qui seul opère
La fatale option qu'on appelle un vouloir.

En somme, se résoudre aboutit à savoir
Quelle secrète chaîne on suivra la dernière ;
Toute l'indépendance expire à la lumière,
Puisqu'on saisit l'anneau sitôt qu'on l'a pu voir.

Tout ce qu'un être veut, son propre fond l'ordonne ;
Mais l'ordre, irrésistible à son insu, lui donne
Le sentiment flatteur qu'il est sollicité.

Ainsi la liberté, vaine horreur de tutelle,
N'est que l'essence aimant le dernier joug né d'elle,
L'illusion du choix dans la nécessité.

UNE VOIX.

Debout ! debout ! ô Macchabées !
O Léonidas, ô Brutus !
O Christ ! ô victimes tombées
Pour les droits ou pour les vertus !

Debout ! grands saints et grands stoïques !
Et de toute votre hauteur
Laissez vos linceuls héroïques
Descendre sur cet imposteur !

Qu'il sente sur sa tête infâme
Leur poids grossir comme un remords !
Qu'il entende sourdre en son âme
L'anathème indigné des morts !

J'irai sans lui, d'un seul coup d'aile,
Droit au cœur de la Vérité.

LE CHERCHEUR.

Sous l'anathème immérité
J'y rampe, explorateur fidèle.

Mais j'achève, déçu, sans avoir débarqué,
Cette exploration que nul vent ne seconde ;
Et mon espoir se brise et s'abîme sous l'onde,
Comme succombe un mât par la tempête arqué.

Si l'ordre universel dans l'atome est marqué,
Plus rien, pas même Dieu, n'est responsable au monde ;
Et j'erre, moi qui cherche, entraîné par ma sonde,
Dans l'orbite de l'astre où mon poids m'a parqué.

Si le vouloir, jouet d'une invincible amorce,
N'est plus qu'un vœu fatal complice de la force, .
A quoi bon demander la Justice au Destin ?

L'égoïsme partout, qui se masque ou s'étale ;
Partout l'activité criminelle ou fatale !
De mon périple ingrat voilà donc le butin !

UNE VOIX.

Que la Raison fait le jour triste !
Mais où finit son examen
Quelque chose de grand subsiste :
Le battement du cœur humain.

Si rien de noble ne demeure,
Quand on a criblé l'Univers,
D'où vient en moi le fou qui pleure
Sur des maux qu'il n'a pas soufferts.

Ce fou, plus grand que ma personne,
Des blessures d'autrui saignant,
Qui fait taire, quand je raisonne,
Ma raison même, en s'indignant ?

Ah, crois-moi ! son délire auguste,
C'est du Juge infini l'arrêt !

LE CHERCHEUR.

L'équité, si l'arrêt est juste,
Même sans Dieu, le dicterait.

Les deux poids suspendus, que la barre oscillante
Berce avec symétrie autour d'un de ses points,
Ne s'alignent qu'après s'être fuis et rejoints :
La plus juste balance est aussi la plus lente ;

Mais quand elle a dicté sa sentence indolente,
Entre les deux plateaux, immobiles témoins,
L'équilibre, établi, ne l'est pas plus ou moins.
Il n'est pas d'équité qu'un droit meilleur supplante.

Un droit surnaturel est un dogme insensé !
Que par l'homme ou les Dieux le droit soit dispensé,
Entre toutes les mains la balance est unique.

La créature y peut juger le créateur ;
Et quiconque a senti l'ordre du monde inique,
S'il n'est pas un athée, est un blasphémateur.

UNE VOIX.

Toi par qui, suprême Inconnue,
Le grand problème se résout,
Qui que tu sois, cause de tout,
Où chaque essence est contenue !

Tu n'es pas nulle, car je suis,
Et n'ai d'être que par toi-même,
Et, rien qu'en sondant le problème,
Je t'atteste quand tu me fuis.

Et tu n'es pas imaginaire,
Toi, source unique du réel ;
Tu n'habites pas un vain ciel :
C'est toi qu'on craint dans le tonnerre,

C'est toi qu'on prie en tous les Dieux,
Seule forte et seule immortelle !

LE CHERCHEUR.

Sa puissance éclate à tes yeux ;
Mais sa justice, où donc est-elle ?

J'écrase un moucheron sans peur d'être honni,
Exempté des soucis de la miséricorde,
Sans même que la bête innocente me morde,
Sans raison, par le droit du caprice impuni.

Mais l'homme, qui s'érige en roi dans l'infini,
N'a pas l'immunité du haut rang qu'il s'accorde :
Des pressoirs de la Mort son propre sang déborde,
A quelque énorme soif incessamment fourni.

Qui sait? Ne suis-je point insecte pour un autre?
Pour l'habitant d'un monde où s'abîme le nôtre,
Géant dont l'œil baissé me semble être un ciel bleu?

J'y songe! et si parfois sur le bord de ma table
Se pose un moucheron, le sentant respectable,
Je l'épargne pour croire à la bonté d'un Dieu.

UNE VOIX.

Oui ; toi-même un géant t'épie ;
Mais il n'est pas capricieux :
Avant d'écraser un impie
Il le suit longuement des yeux.

N'abuse pas de son silence,
Car il pourrait bien se fâcher...
Je sens son poing qui se balance,
Comme un fardeau qu'on va lâcher

Nul n'a prévu ce qu'il décide,
Son calme immuable est trompeur,
Et malgré son dédain placide
Ton impiété me fait peur !

Crois donc à la bonté suprême
Puisqu'en la défiant tu vis !

LE CHERCHEUR.

Les doutes sont-ils des défis ?
Et l'angoisse est-elle un blasphème ?

Des vivants, qu'il fait naître et dont il n'a pas soin,
L'Économe éternel trompe la confiance :
Le besoin donne un droit, le droit une créance ;
Ils sont tous créanciers de l'auteur du besoin.

L'universelle faim, dont il est le témoin.
Réclame chaque jour une ample redevance ;
A lui seul incombait d'y pourvoir à l'avance,
D'apporter la pâture, ou d'y veiller de loin.

Si donc il est un Dieu, l'appétit constitue,
Dans chaque être apte à vivre et que le jeûne tue,
Un droit à s'assouvir, dont lui répond ce Dieu !

Mais partout je ne trouve, en l'absence du maître,
Que d'impuissants pasteurs qui règnent en son lieu
Parasites sacrés du troupeau qu'ils font paître.

UNE VOIX

La bête, rampant sous le ciel,
N'a, dans l'orage ou l'éclaircie,
Rien qu'elle invoque ou remercie,
Nul recours providentiel ;

Mais l'homme au loin se cherche une aide
En de sublimes régions.
Seul être que l'azur obsède,
Il a seul des religions ;

Prolongeant le temps et l'espace,
Il craint, pour le crime impuni,
Qu'ailleurs l'Éternité n'amasse
Des colères dans l'infini.

Les cultes ont rendu moins frustes
L'âme et les mœurs de leurs croyants.

LE CHERCHEUR.

Ils ont fait plus de mendiants
Et de meurtriers que de justes.

Par ses religions au meurtre convié,
L'homme, même en tuant, croit faire une œuvre pie :
De la gorge des bœufs, du sein d'Iphigénie,
Coulait jadis à flots le sang sacrifié ;

Et tout à l'heure encore un prêtre a confié
A ta lèvre, ô chrétien ! la victime infinie,
Et dans la lâche paix de la faute impunie
Tu savoures un Dieu pour toi crucifié !

Il faut pour ton salut qu'il souffre et qu'il expire,
Et qu'au trou de son flanc, comme un cruel vampire,
Ton péché sanguinaire aspire un paradis.

Quelle que soit la pourpre où le bonheur se vautre,
Tout vivant qui jouit en martyrise un autre :
C'est le destin pareil des saints et des maudits.

UNE VOIX.

Pourquoi donc enfoncer les pointes
D'une ironie âpre et sans foi
Au cœur de ceux qui, les mains jointes,
Veulent prier même pour toi,

Qui pratiquent, fût-ce à grand'peine
Et par la seule peur du feu,
La charité, si surhumaine
Qu'elle suffit à prouver Dieu ?

Ah ! c'est grâce à la foi sincère,
Par un œil humblement baissé,
Que sur notre immense misère
Le premier baume fut versé.

Je vois une larme qui monte,
Au bord de tes cils affleurant...

LE CHERCHEUR.

Je la laisse couler sans honte ;
Mais on y voit trouble en pleurant.

SECONDE PARTIE

APPEL AU CŒUR

SEPTIÈME VEILLE

RETOUR AU CŒUR

ARGUMENT

La recherche infructueuse de la raison, qui n'a découvert nulle part la justice, n'empêche pourtant pas la conscience de conserver intacts tous ses scrupules. Elle persiste à rendre l'homme responsable devant une loi morale. Cette persistance étonne le poète et lui fait pressentir une autorité propre du cœur, dont il faut tenir compte.

SEPTIÈME VEILLE

RETOUR AU COEUR

LE CHERCHEUR.

Là-haut, ce clair de lune étrange me repose :
Le croissant, nébuleux, erre, comme un grand lis
Qu'une dentelle éparse entraîne dans ses plis
Sous les sombres rideaux d'une alcôve bien close.

Quand saurai-je mourir, si, ce soir, je ne l'ose ?
De la molle nuée où tu t'ensevelis,
Douce lune, à mon front forme un coussin d'oublis,
Dût ma pensée y faire une éternelle pause !

A quoi bon remuer le dessous des couleurs ?
Laissons l'âme en un songe abîmer ses douleurs,
Comme l'étang s'azure en déposant sa vase.

Oh ! que j'expire en toi, délivré du soleil !
Il me serait si bon de suivre ton extase,
Emporté sans retour, assoupi sans réveil...

UNE VOIX.

Pourquoi déserter de la sorte ?
A t'ouïr pousser des hélas,
On croirait que ton dos supporte
L'univers entier comme Atlas,

Ou bien qu'un remords implacable,
Un remords de grand criminel,
De son poids obstiné t'accable !
Ton sort est-il donc si cruel ?

Qu'as-tu commis qui ne s'avoue ?
La fortune a-t-elle soudain
Fait descendre pour toi sa roue ?
As-tu peur de mourir de faim ?

Ton lot, si fort qu'il te déplaise,
Fait envie aux vrais malheureux.

LE CHERCHEUR.

C'est d'un profond retour sur eux
Que naît mon immense malaise.

J'ai bon cœur, je ne veux à nul être aucun mal,
Mais je retiens ma part des bœufs qu'un autre assomme,
Et, malgré ma douceur, je suis bien aise en somme
Que le fouet d'un cocher hâte un peu mon cheval ;

Je suis juste, et je sens qu'un pauvre est mon égal ;
Mais, pendant que je jette une obole à cet homme,
Je m'installe au banquet dont un père économe
S'est donné les longs soins pour mon futur régal ;

Je suis probe, mon bien ne doit rien à personne,
Mais j'usurpe le pain qui dans mes blés frissonne,
Héritier, sans labour, des champs fumés de morts.

Ainsi dans le massacre incessant qui m'engraisse,
Par la Nature élu, je fleuris et m'endors,
Comme l'enfant candide et sanglant d'une ogresse.

UNE VOIX.

Les lions déchirent les bœufs,
Et mieux que le fouet, leur poursuite
Met les chevaux tremblants en fuite ;
Dieu le souffre ! et tu fais moins qu'eux.

Des peines que ton père a prises
Jouis en paix dans son verger,
Les moineaux friands de cerises
S'y font par Dieu même héberger.

Ton remords est bien ridicule
Devant l'écurie et l'étal,
Et bien étrange ton scrupule
De t'asseoir au banquet fatal :

Dieu t'y convie, et te dispense
De peser si c'est juste ou non.

LE CHERCHEUR.

Mais le cœur sent, mais l'esprit pense,
Et sans leur aveu rien n'est bon.

L'homme s'octroie une âme, et juge que les bêtes
Ne sont qu'un vague souffle agitant un vil corps :
« Je puis donc, leur dit-il, vous frapper sans remords,
Vous que le limon seul fit tout ce que vous êtes. »

« Tombez, dit-il aux bois dont il abat les têtes,
Vos élans vers le ciel sont d'aveugles efforts ! »
Ainsi l'homme insolent, pour ennoblir ses torts,
Les appelle des droits, et ses vols des conquêtes.

Tout être est sa pâture ou bien son portefaix ;
Souvent, sans besoin même, il mutile, il ébranche,
Et sa colère éclate à la moindre revanche.

Les fiertés de la brute, il les traite en méfaits.
Pour le joug qu'il t'impose, ô brute à face blanche,
Ne flétris point César ! il fait ce que tu fais.

UNE VOIX.

Résignons-nous aux lois du monde :
César est battu par l'amour ;
Maîtres et valets à la ronde
Vont se fustigeant tour à tour ;

La nymphe bat le vieux Silène
Avec un sceptre d'églantier,
Qu'un zéphyr bat de son haleine
Et dont la fleur bat le sentier ;

Et Silène à trotter condamne
Son baudet tardif et têtu,
Il le bat ; et du pied de l'âne
Le gazon naissant est battu.

Et personne, églantier, zéphire,
Bêtes, ni gens, n'en est surpris !

LE CHERCHEUR.

Si tu comprends de quoi tu ris,
O Démocrite, peux-tu rire !

Puisqu'il m'est bien connu, le mépris souverain
Des Destins et des Dieux pour le droit en souffrance,
Que ne sais-je imiter leur sage indifférence !
D'où vient qu'un tort causé m'est encore un chagrin ?

Que pouvant assouvir, le front haut et serein,
Toutes mes passions, sans gêne, à toute outrance,
J'admets dans ma conduite une sourde ingérence,
Je ne sais quel censeur dont je subis le frein ?

Comment donc se fait-il que mon cœur répudie
Les absolutions de ma raison hardie ?
Aurait-il des raisons qu'elle ne comprît pas ?

Elle informe, elle instruit; serait-ce lui qui juge ?
Que dis-je ! la Justice, au lieu de fuir mes pas,
N'aurait-elle qu'en moi, dans mon cœur, son refuge ?

UNE VOIX.

Ah ! Dieu t'a sans doute envoyé
Ce soupçon dont l'aveu t'échappe,
Pour que ton âme s'y rattrape,
Ainsi qu'à l'épave un noyé !

Ne la lâche pas, cette planche
Offerte à tes efforts déçus ;
Des doigts, du coude, et de la hanche,
Et du genou, grimpe dessus !

Prends-y pied, dresse-toi, regarde,
Vers les quatre points cardinaux,
Si partout, déserte et blafarde,
Fuit l'immensité, sans fanaux...

Du radeau de ta conscience,
Ne vois-tu rien à l'horizon ?

LE CHERCHEUR.

Puissé-je y voir l'arc d'alliance
Entre mon cœur et ma raison !

Que l'épreuve est poignante et que la tâche est rude
D'appuyer sur son cœur la pointe du compas
Qui de l'enfer terrestre, en deçà du trépas,
Mesure chaque cercle avec exactitude !

J'en affronte l'horreur que le sophiste élude ;
Mais peut-être, parti du degré le plus bas,
Verrai-je en m'élevant, conquise pas à pas,
La vérité blanchir les cimes de l'étude !

La Nature peut-être à son dernier devin
Dira : « Ta conscience, universelle enfin,
Peut par mes propres lois me juger et m'absoudre ;

« Je domine, et le joug ne peut pas être aimé :
Je t'aurais en mépris si, de peur de la foudre,
Ton indignation n'avait pas blasphémé ! »

UNE VOIX.

Pleure, pleure encore, sois homme !
Tes premiers pleurs t'ont soulagé,
Et voilà qu'au philtre du somme
Ton front cède, vide et chargé...

Dors vite, car l'ombre où tu plonges
A déjà des pâleurs de lait !
Moi, je vais suivre au vol les songes
Et pour toi les prendre au filet ;

De l'Orient qui s'illumine
Je vais cueillir les fins rayons
Pour en tisser la mousseline
Où j'arrête ces papillons.

Et bientôt ton angoisse obscure
Ne sera plus qu'une langueur
Mêlée à ma douce piqûre
Qui les fixera sur ton cœur...

HUITIÈME VEILLE

LA CONSCIENCE

ARGUMENT

Le poète rappelle et résume les phases de la crise qu'il a traversée. Refoulé de tous côtés en lui-même par le monde extérieur que sa raison a vainement interrogé sur la justice, il en revient au témoignage irrécusable et sûr de sa conscience. Il reconnaît que la justice, hors de l'espèce humaine, peut n'avoir aucune raison d'être, et qu'ainsi nos griefs contre la Nature ou la Divinité sont sans fondement.

HUITIÈME VEILLE

LA CONSCIENCE

Sur les astres fermons, cette nuit, ma fenêtre :
Si contempler est doux, il est beau de connaître ;
Fermons même les yeux, et, le front dans la main,
Entrons dans l'ombre intime à fond jusqu'à demain.

I

Où sont les abandons, les gaîtés de naguères,
Quand, fort de la coutume et de la foi vulgaires,
Je savais me laisser par le jour éblouir
Et des biens de la vie aveuglément jouir?
Je me sens aujourd'hui la pensée en détresse,
Et je ne prends plus part à la commune ivresse.
J'y demeure étranger, comme un faux libertin
Qu'un désespoir d'amour égare en un festin :
Dans les rires, les cris, les senteurs, les fumées,
Et les pourpres éclairs des lèvres allumées,
Dans l'ondoiement des seins que l'étreinte a flétris,
Et le scintillement fiévreux des yeux meurtris,
De la fête odieuse il n'a que la livrée ;
Résistant au roulis de sa tête enivrée,
Sa volonté tient bon, debout au gouvernail ;
Seul il compte les pas de l'heure sur l'émail,
Et voit l'aube rougir la vitre qui larmoie :
Un incurable amour corrompt en lui la joie.

Ainsi, des voluptés sublime empoisonneur,
L'amour de la justice a troublé mon bonheur.
Pour moi, le sang versé, comme une huile épandue,
A, depuis que j'y songe, envahi l'étendue !
La tache grandissant couvre l'azur entier,
Et nul souffle d'avril ne saurait l'essuyer.
Des maux plus grands que moi, que j'ai peine à décrire,
M'obsèdent; peine étrange et dont on peut sourire !
Mais de tout refléter j'ai le triste pouvoir :
Tout l'abîme descend dans le moindre miroir,
Et tout le bruit des mers tient dans un coquillage.
Est-ce ma faute, hélas ! si ma pitié voyage,
Si je peux réfléchir dans un seul de mes pleurs
Un théâtre infini d'innombrables malheurs,
Si toutes les douleurs de la terre et des mondes
Font tressaillir mon âme en ses cordes profondes ?

Combien plus sagement, avec moins de grandeur,
Exempt de sympathie, affranchi de pudeur,
L'animal se résigne aux fléaux sans refuge !
Des lois d'où sort le mal il ne se fait pas juge :
Instrument et matière à la fois du Destin,
Il tue et meurt, convive et pâture au festin,

Sans chercher qui l'héberge et qui le sacrifie.
Il est heureux ! Son sort, par moments je l'envie ;
Je voudrais imiter ce qui se passe en lui,
Pour connaître, à mon tour, le loisir sans ennui,
Le meurtre sans remords, la volupté sans honte,
Et l'assouvissement sans règlement de compte.
Les loups ne savent point qu'ils passent pour méchants,
Et les moutons, sans peur, broutent l'herbe des champs,
Et dans l'ombre ou l'éclair de leur fixe prunelle
Je vois rêver en paix la Nature éternelle :
Par leurs yeux elle tente un regard ignorant
Sur son œuvre, pour elle encore indifférent,
Et semble s'étonner devant ses propres gestes ;
C'est par leurs yeux, hantés d'images indigestes,
Qu'elle entrevoit d'abord, confuses visions,
Le luxe éblouissant de ses éclosions !
Elle en dégage à peine une aube de pensée,
L'ère de l'âme en elle est déjà commencée !
D'âge en âge elle essaye à des songes nouveaux
Sa conscience éparse en mille étroits cerveaux,
Sans discerner encore, à leur humble étincelle,
De ses lois en travail l'orgie universelle.

II

Elle n'en sentira ni pitié ni terreur,
Avant qu'un jour plus net en dénonce l'horreur !
C'est dans l'humanité qu'à sa fatale date
La révélation de cette horreur éclate,
Et qu'enfin la Nature émet le premier vœu
Qui, dépassant son œuvre, en soit le désaveu !

Que n'ai-je dormi, l'âme et la paupière closes,
Sans les ouvrir avant l'achèvement des choses !
La soif de l'Idéal n'aurait dû nulle part
En devancer le règne inauguré si tard !
Le sentiment des maux, qu'en frémissant je scrute,
Devait m'être épargné, comme il l'est à la brute,
Jusqu'à ce qu'enfantant un astre réussi
La Nature à ma race eût crié : « C'est ici ! »
Mais non ! l'humanité porte la peine auguste
D'une grandeur précoce à quoi rien ne s'ajuste.
Elle a l'air d'une espèce éclose à contretemps :

Tout est prématuré dans ses vœux transcendants,
Tout dans ses appétits la rappelle en arrière,
Tout ce que son génie ouvre en haut de carrière,
En bas la pesanteur à ses pieds l'interdit.
De son globe natal, qu'elle étreint et maudit,
Comme d'un vieil amant dégoûtée et jalouse,
Avec trop d'âme en soi pour s'en faire l'épouse,
Et trop d'argile aussi pour s'en pouvoir passer,
En rêvant de le fuir elle aime à l'embrasser !

Je le sens, moi son fils, malade et vieux comme elle !
Car je bois, en suçant son antique mamelle,
Non le lait primitif, non ce sauvage lait
Où nul sang par l'épreuve usé ne se mêlait,
Et qu'à ses nourrissons offrait dans sa tanière,
A peine femme encor, la dryade dernière,
Mais bien le lait qui court d'elle à ses descendants,
Plein de ferments couvés depuis des milliers d'ans,
Dépôt de vérités et de vertus amères,
De vices monstrueux et d'absurdes chimères,
Que reçoit des aïeux tout homme à son insu
Pour le léguer plus lourd qu'il ne l'avait reçu.
Quand je songe à ma part dans ce vaste héritage
De pensers et de mœurs amassés d'âge en âge,

Je ne sais où me prendre, et cherche avec effroi
Dans mon être, âme et corps, ce que j'appelle moi,
S'il est rien dans cet être entier qui m'appartienne,
Si la justice, en moi, plus que le reste est mienne.
Tant de fous violents, d'adroits ambitieux,
Usurpant dans mon cœur son rôle au nom des Dieux,
Par la voix de l'oracle ou la voix du prophète,
M'ont, sous son nom, dicté la loi qu'ils avaient faite !
Tant de sages, de rois, de prêtres sont venus
De tous les lieux nommés, de tous les temps connus,
Emmaillotter mon cœur de langes invisibles,
Incliner sur mon front leurs codes et leurs bibles,
Et me rompre à leur gré les reins et les genoux,
Chuchotant ou criant : « La justice, c'est nous ! »
Et qu'y pouvais-je, à l'âge où la raison s'ignore,
Où les sens étonnés s'interrogent encore ?
Devant moi se dressaient leurs puissants héritiers :
« Sers et crois, m'ont-ils dit, de force ou volontiers ! »
J'obéis et je crus, sans dépouiller leurs titres,
Fasciné, comme si les crosses ou les mitres,
Les sceptres vacillants et les bandeaux étroits
De nos dominateurs, maîtres de nous sans droits,
La suite et l'appareil des Dieux et des monarques,
O Justice, portaient tes véritables marques !

Ton seul vrai témoignage est l'indignation !

Un jour il m'a percé, ce pieux aiguillon.
Si longtemps qu'on le rouille, ou le fausse, ou l'émousse,
Il n'attend, pour entrer, qu'une vive secousse,
Et, par la sympathie ébranlé tôt ou tard,
Pénètre et vibre au cœur comme le fer d'un dard.
Le sanglant défilé de tes martyrs proclame
Qu'il n'est de tribunal sûr et sacré qu'en l'âme,
Qu'il ne se rend que là des arrêts sans appel,
Qu'enfin la conscience est ton unique autel !
Si noir, si bas que soit ton gîte au fond de l'âme,
Le plus inculte y sent ta louange ou ton blâme,
Et le plus endurci craint toujours ton réveil,
Car il sent là toujours tressaillir ton sommeil.

III

Ainsi je reconnais ton infaillible signe
Dans l'oracle secret qui m'approuve ou s'indigne.
Te croire sur parole, en épurant ta voix,
Ce fut longtemps ma règle, humble et sûre à la fois

Comme le lent conseil d'une âpre expérience.
Mais plus tard j'ai voulu formuler ma croyance,
Et, pour rendre ton verbe intime plus distinct,
Faire parler pour toi la raison sans l'instinct ;
J'ai voulu te prouver après t'avoir sentie.

Que d'ombre emplit alors ma tête appesantie !
Que j'ébauchai pour toi d'impuissantes Babels !
Comme, pour se bâtir, plus haut que leurs autels,
Un port plus sûr, jadis, dans la nuit des carrières,
Les hommes follement ont remué les pierres,
Ainsi j'ai remué dans leur chantier profond
Les lourds matériaux dont les preuves se font.
Je rêvais de fonder sur une ferme assise
Une juste cité d'une forme précise,
Et je voulais donner à ce fier monument,
Pour matière et maçon, la raison seulement.
Mais elle n'offre point une base assez ample
Pour t'y dresser un fort aussi haut que le temple
Que je t'avais naguère, avec moins de rigueur,
Et pourtant plus solide, élevé dans mon cœur.
J'avais beau le bâtir comme un froid géomètre,
Aux lois de l'équilibre avec soin le soumettre,

M'enquérir des granits, des ciments les meilleurs,
Et des secrets qui font les bons appareilleurs,
Plus j'en réglais l'aplomb par l'équerre et la corde,
Plus j'exaltais l'orgueil sans fonder la concorde !
Et, comme des Babels pleines de vains discours,
J'ai dû l'une après l'autre abandonner mes tours.

Et les prêtres m'ont dit : « La Raison nous insulte.
Eh bien, vois son ouvrage et le fruit de son culte !
Hommes, le droit, c'est Dieu qui permet ou défend ! »
J'entendais me railler leur défi triomphant ;
J'eus honte et voulus voir, si, tenant tout sous elle,
Ta loi, vraiment divine, éclate universelle.
Ah ! que cet examen me valut de tourments !
Que sur toi j'ai conçu de doutes alarmants !
Car de tous mes regards l'enquête vagabonde
Fit ma déception grande comme le monde.
Pour en consulter l'ordre et m'y conformer mieux,
Hélas ! autour de moi j'ai promené les yeux,
Dans l'espoir de ravir au commerce des brutes
Le secret naturel des foules sans disputes,
Et j'ai presque envié leur silence aux troupeaux !
Mais j'ai vu, plein d'horreur, la guerre sans repos,

Sans courage et sans bruit, des espèces entre elles,
Plus atroce cent fois que nos promptes querelles,
Guerre où, par avarice, ouvrier de la Mort,
Le sol contre le faible est l'allié du fort!
J'ai détourné la tête et contemplé les astres :
Un jour de calme y coûte un âge de désastres !
Je le sais, car le prisme, interrogeant leurs feux,
A ces faux paradis arrache des aveux...
J'ai vu chaque élément de leur essence vraie
Étaler sur l'écran sa redoutable raie ;
Je sais que leur matière est terrestre, et qu'ainsi
L'on y pourra souffrir tout ce qu'on souffre ici !
Leur soyeuse lueur, qui baise la prunelle,
Est d'un possible enfer la menace éternelle.
En vain je les veux fuir, l'espace plus obscur
Me suit plus effrayant, comme un cachot sans mur
Et j'y vois en silence errer les nébuleuses
Comme des vols épars de graines douloureuses !
Je suis donc durement de partout refoulé,
Quand, de la terre au ciel sans cesse reculé,
Aussi loin que mon cri voyage et retentisse,
Je demande à l'abîme où siège la Justice !

IV

O Justice ! après tant et de si longs détours,
Je rentre dans mon cœur où je te sens toujours,
Et j'y rentre, étonné que le haut privilège
Ne soit qu'à l'homme échu d'avoir au cœur ton siège.
Ah ! puisque l'Univers s'est fait sans la vertu,
Quand donc nous es-tu née ? Et d'où donc nous viens-tu ?
Pourquoi, de toutes parts autour de l'homme absente,
Faut-il que seul il t'aime et que seul il te sente ?

Pardonne si, doutant de ce prodige en moi,
Je t'ai cherchée ailleurs, et t'ai faussé ma foi !
Ignorant que ta loi fût seulement humaine,
Inopportune ailleurs qu'en notre humble domaine,
J'ai traité l'Univers en humaine cité,
Quand je l'ai pour ces maux par devant toi cité.
Ces maux, que je nommais injustes, sont peut-être,
Non les caprices fous ou coupables d'un maître,
Mais de fatals moyens, seules conditions

D'un ordre qui nous passe ou que nous oublions.
Sans doute à nos souhaits se refuse la terre,
Comme un cercle adjuré d'être un quadrilatère ;
Ce qu'elle nie aux vœux, sa loi le lui défend.
L'Injustice du sort est un grief d'enfant
Qui, malade, abhorrant la cuillerée amère,
La déclare nuisible et s'en prend à sa mère.
La douleur et la mort, sans doute il les fallait,
Pour que l'homme devînt le demi-dieu qu'il est !
Le mal nous déconcerte, et pourtant qui peut dire
Si l'Univers, où tout se repousse et s'attire,
Pourrait survivre avec un atome de moins
Ou de plus, confié, pour nous plaire, à nos soins ?
Dans nos comptoirs, pendant que le vendeur calcule
Et compare les poids soumis à la bascule,
L'acheteur défiant ne se dit pas lésé
Tant que monte et descend l'objet pour lui pesé ;
Il laisse le marchand peser en conscience,
Et l'observe, attentif, mais sans impatience,
Trouvant dans sa lenteur, loin d'en être irrité,
Un gage de prudence et de sincérité.
Mais l'homme à la Nature, où s'opère en silence
Un échange éternel dans une autre balance,
Réclame sans payement un astre de son choix ;

Il croit, demandant compte aux soleils de leurs poids,
Que l'axe autour duquel ils tournent tous, ressemble
Au trébuchet posé sur son genou qui tremble !
Dans la libration de ce grand balancier
Il exige et veut voir l'œuvre d'un justicier ;
Et, le jugeant lui-même, il le rend responsable
D'une cuisson qu'à l'œil lui cause un grain de sable ;
Sans comprendre, aveuglé par son menu chagrin,
Que l'axe eût dû fléchir pour détourner ce grain,
Que l'immense faveur, qu'il eût seul ressentie,
Sur des mondes sans nombre aussitôt répartie,
En désastres sans nombre eût dû sévir contre eux :
L'éternité ! pour rendre un éphémère heureux !

Comme un enfant qu'on gâte aisément s'habitue
A croire qu'à ses jeux la déférence est due,
L'homme épargné longtemps croit son bonheur sacré ;
Fait au rythme des lois, il ne leur sait plus gré
De conduire la terre à ses fins sans secousse,
Car il est né depuis que sa planète est douce.
Le branle qui meut tout dans les champs étoilés
Vient s'amortir en elle, et, balançant ses blés,
Ses forêts et ses mers, expire et se compose
Avec un souffle d'air pour incliner la rose ;

Il nous berce avec elle et semble nous choyer ;
Mais pour son équilibre il nous pourrait broyer !

V

Puisque ma conscience est le seul lieu du monde
Où sur ce qu'il me veut l'Infini me réponde,
Puisqu'en ce lieu d'où rien ne pouvait t'arracher,
Je te trouve, où d'abord je t'aurais dû chercher,
Et que là seulement, je découvre, ô Justice !
Une assise immuable où sans peur je bâtisse,
J'y rentre et m'y retranche, et m'y tiens à jamais.
Il y fait noir, bien noir, mais je te reconnais ;
En tâtonnant, déjà je baise et je révère
Les deux doigts étendus de ta droite sévère ;
Moins sévère pourtant qu'elle n'était jadis,
Quand déesse de marbre, on te nommait Thémis.
Ta main semble aujourd'hui moins froide que la pierre :
Ce qui l'humecte ainsi vient-il d'une paupière ?
Et quelle onde vivante y bat et l'attendrit ?
N'a-t-elle pas pressé la main de Jésus-Christ ?

Ah! pour te voir, je veux, je saurai faire naître,
Par l'étude et l'amour, une aurore en mon être.
Si, hors du genre humain, tu n'es plus qu'un vain nom,
En lui du moins tu vis, qu'il t'obéisse ou non !

Je te rends donc ma foi ! Qu'un captieux génie
M'extirpe des aveux que mon instinct renie,
Je ne livrerai plus au peu que je conçois
Tout le vrai que je sens, pour douter que tu sois !
En vain me prouvât-on, contre tes voix intimes,
Que la tombe est la même aux bourreaux qu'aux victimes,
En vain mes appétits, de leurs iniquités
Par le droit au bonheur se diraient acquittés,
On ne croit jamais bien ce qu'on rougit de croire,
Et l'effet sur la vie en demeure illusoire ;
Un témoignage en nous, moins subtil et plus fort,
Donne à la preuve infâme invinciblement tort !

C'est que, formée en nous depuis notre naissance,
Ta nature, ô Justice ! est notre propre essence :
Elles font, l'une et l'autre, un tel couple, en effet,
Que l'homme ne se sent vraiment homme et parfait,
En harmonie entière avec ses destinées,
Qu'en les tenant toujours l'une à l'autre enchaînées,

Et que le juste meurt, sans murmure, pour toi,
Car sans l'honneur la vie est pour lui sans emploi !

Courage ! cette nuit n'a pas été mauvaise.
Je me sens allégé par une sublime aise !
Je n'ai pas terrassé le sphinx impérieux
Qui, l'ongle sur ma gorge et les yeux dans mes yeux,
Immobile et muet, m'oppresse et m'interroge ;
Mais, dompteur résolu, fermant sur moi la loge,
Devant le monstre obscur je me suis obstiné,
Et je reste invaincu sans avoir deviné !
Car, défié, moi-même aussi je le défie :
Qu'au mystère jaloux sa dent me sacrifie !
Il peut me dévorer sans ternir seulement
Ma foi dans la justice, éclair de diamant !

NEUVIÈME VEILLE

LA DIGNITÉ — LA JUSTICE

ARGUMENT

Une série d'êtres, successivement apparus sous des formes de plus en plus complexes, animés d'une vie de plus en plus riche et consciente, rattache l'atome dans la nébuleuse à l'homme sur la terre. Les révélations de la conscience humaine semblent concorder avec cette loi d'évolution, et il en peut sortir une définition de la dignité et de la justice.

NEUVIÈME VEILLE

LA DIGNITÉ — LA JUSTICE

Dans la nuit constellée où je promène et plonge
Un regard que mon rêve à l'infini prolonge,
  J'évoque le plus vieux soleil,
Qui fut père et semeur des étoiles sans nombre,
Et qui peuplant, de proche en proche, l'éther sombre,
  En fit un océan vermeil.

Je cherche ce foyer, du moins ce qu'il en reste
Après qu'il a rempli l'immensité céleste
  Des feux à sa masse arrachés.
Vrai chorége, il défraye et préside les rondes
Dont l'enlace le chœur des innombrables mondes
  Qu'il a, comme un frondeur, lâchés.

Sans doute il est encore en pleine incandescence ;
Et les astres auxquels il a donné naissance
  Lui font cortège maintenant,
Ainsi que d'une ruche on voit l'essaim né d'elle
S'échapper sans la fuir, et, déserteur fidèle,
  N'en sortir qu'en l'environnant.

Plus loin, beaucoup plus loin que les visibles sphères,
Bien plus haut, par delà les cendres d'or légères
  Dont le Zodiaque est sablé,
Je contemple en esprit ce soleil patriarche :
Il excède en grandeur la planète où je marche,
  Comme elle excède un grain de blé ;

Et ce qu'au grain de blé pèse un grain de poussière,
Parasite ténu d'une masse grossière
  Je le pèse à ce globe-ci ;
Mais il porte avec moi, ce globe misérable,
Ce qui manque au soleil : l'idée impondérable,
  L'amour impondérable aussi !

Je ne dédaigne plus la sphère maternelle,
Car, tout humble qu'elle est, je n'ai puisé qu'en elle
  Ce qui me fait juger les cieux.
Je préfère au soleil ce tas d'ombre et de fange,
Si, pour les admirer, je dois à ce mélange
  Mon cœur, ma pensée et mes yeux.

Un astre n'est vivant qu'en cessant d'être étoile :
Il vit par les vertus que son écorce voile,
  Non par l'éclat que nous voyons ;
Il ne vaut que du jour où, transformant ses flammes,
Il change sa chaleur et sa lumière en âmes,
  En regards ses propres rayons !

Aussi la terre étroite en majesté surpasse
Le plus beau des soleils engendrés dans l'espace,
    Et vaut mieux qu'eux tous réunis.
Je l'honore en dépit du dogme qui l'outrage,
Parce qu'elle a fait l'homme en achevant l'ouvrage
    Ébauché par les infinis ;

Car ni l'Éternité, ni l'immense Étendue,
Ni la Cause première, en ces gouffres perdue,
    Et qui ne dit pas son vrai nom,
Si grandes qu'elles soient, ne l'ont fait toutes seules;
L'homme n'est pas leur œuvre : il les a pour aïeules,
    Mais pour mère et nourrice, non !

En vain, pour l'accueillir, l'espace et la durée
Ouvraient leur profondeur vide et démesurée ;
    Pas de terre, pas de berceau !
En vain flottait l'Esprit sur les eaux sans limite ;
Sans pain, pas de génie, et pas d'amour sans gîte,
    Et pas de sceptre sans roseau !

Il lui fallait la terre et ses milliers d'épreuves,
D'ébauches de climats, d'essais de formes neuves,
  D'élans précoces expiés,
D'avortons immolés aux rois de chaque espèce,
Pour que de race en race, achevé pièce à pièce,
  Il vît l'azur, droit sur ses pieds.

Il fallait, pour tirer ce prodige de l'ombre
Et le mettre debout, des esclaves sans nombre,
  Au travail mourant à foison ;
Comme, en Égypte, un peuple expirait sous les câbles,
Pour traîner l'obélisque à travers monts et sables
  Et le dresser sur l'horizon ;

Et comme ce granit, épave de tant d'âges,
Levé par tant de bras et tant d'échafaudages,
  Étonnement des derniers nés,
Semble aspirer au but que leur montre son geste,
Et par son attitude altière leur atteste
  L'effort colossal des aînés,

L'homme, en levant un front que le soleil éclaire,
Rend par là témoignage au labeur séculaire
    Des races qu'il prime aujourd'hui ;
Et son globe natal ne peut lui faire honte,
Car la terre en ses flancs couva l'âme qui monte
    Et vient s'épanouir en lui.

La matière est divine ; elle est force et génie ;
Elle est à l'idéal de telle sorte unie
    Qu'on y sent travailler l'esprit,
Non comme un modeleur dont court le pouce agile,
Mais comme le modèle éveillé dans l'argile
    Et qui lui-même la pétrit.

Voilà comment, ce soir, sur un astre minime,
O soleil primitif, un corps qu'un souffle anime,
    Imperceptible, mais debout,
T'évoque en sa pensée et te somme d'y poindre,
Et des créations qu'il ne voit pas peut joindre
    Le bout qu'il tient à l'autre bout.

O soleil des soleils, que de siècles, de lieues,
Débordant la mémoire et les régions bleues,
      Creusent leur énorme fossé
Entre ta masse et moi ! mais ce double intervalle,
Tant monstrueux soit-il, bien loin qu'il me ravale,
      Mesure mon trajet passé.

Tu ne m'imposes plus, car c'est moi le prodige !
Tu n'es que le poteau d'où partit le quadrige
      Qui roule au but illimité ;
Et depuis que ce char, où j'ai bondi, s'élance,
Ce que sa roue ardente a pris sur toi d'avance,
      Je l'appelle ma dignité !

Certes, mon propre élan m'est de faible ressource ;
Mais c'est le genre humain qui m'entraîne en sa course,
      D'un galop tous les jours plus prompt !
Et bientôt renversé, dépassé, foulé même,
Je garderai du moins, dans ma chute, un baptême
      De sueur olympique au front !

Et comme, en secouant la poudre des arènes,
Le lauréat vieilli cède à ses fils les rênes
    Dès qu'il se sent par eux vaincu,
Et meurt fier de léguer ses pareils à sa ville,
Et, dans le marbre, au peuple, un exemple immobile
    Où sa force aura survécu ;

Ainsi, vieux à mon tour, mes dernières années,
Par mes bras affaiblis au repos condamnées,
    Me trouveront prêt au départ ;
Et pour l'œuvre commune ayant fait mon possible
J'emporterai, vaincu, l'assurance invincible
    D'y survivre en ma noble part !

Tout être, élu dernier de tant d'élus antiques,
De tant d'astres vainqueurs aux luttes chaotiques,
    Et de races dont il descend,
D'une palme croissante est né dépositaire ;
Tout homme répondra de l'honneur de la terre
    Dont il vêt la gloire en naissant ;

Et puisque notre sphère est aux astres unie
Comme un nœud l'est aux nœuds d'une trame infinie,
  Et tord un fil du grand métier,
Dans le peu de ce fil que l'homme brise ou lâche,
L'homme, traître à la terre en désertant la tâche,
  Est traître à l'univers entier !

Traître même à la mort, qu'atteint sa défaillance,
Car avec les vivants les morts font alliance
  Par un legs immémorial !
Traître à sa descendance avant qu'elle respire,
Car héritier du mieux il lui laisse le pire,
  Félon deux fois à l'Idéal !

Ah ! je sais désormais ce que me signifie
Ma conscience, arbitre et témoin de ma vie,
  Qui ne se trompe ni ne ment,
Ce qu'elle me conseille, ou prohibe, ou commande,
Cette voix qui tout bas si souvent me gourmande,
  Et m'approuve si rarement !

Le remords, c'est la voix de la Nature entière
Qui dans l'humanité gronde son héritière :
    « Qu'as-tu fait du prix de mes maux,
Des trésors de douleur dont j'ai pétri ta pâte,
Toi pour qui j'ai broyé froidement et sans hâte
    Sous mes pilons tant d'animaux ?

« Qu'as-tu fait de ton âme, orgueil de ta planète,
Du fonds que j'ai remis à ta main malhonnête,
    Et du sang dont je t'ai gorgé ?
Qu'as-tu fait du marteau, pour gagner ton salaire ?
Sur l'enclume terrestre avec le four solaire,
    Quel pont céleste as-tu forgé ?

« Regarde : autour de toi tout lutte et se concerte !
Que d'ouvriers soldats, dont pas un ne déserte
    Mes ateliers pleins de leurs morts !
Et toi seule, pour qui des légions périrent,
A qui par millions les victoires sourirent,
    Tu bats en retraite et tu dors !

« Regarde : tout aspire, éclôt et meurt plus digne !
Vois dans la goutte d'eau vibrer le zèle insigne
    Du peuple infinitésimal ;
Et levant ta prunelle, aux astres familière,
Vois tressaillir des cieux l'ardente fourmilière !
    Tout travaille, et tu dors : c'est mal ! »

Et je sais maintenant d'où nous vient l'allégresse
Qui nous monte du cœur au front, et le redresse,
    Et l'illumine, chaque fois
Que l'âme, en affrontant ce que la chair abhorre,
Soumet la vie à l'ordre, et, sage, collabore
    A l'Idéal avec les lois :

C'est toute la Nature en nous-même contente,
Louant l'humanité pour elle militante,
    Laborieuse et souple au frein ;
Elle dit : « Gloire à toi dont le zèle conspire
Avec mon vaste règne au bien de mon empire,
    Et m'aide à l'œuvre souverain !

« Ma fille, prends le sceptre ! il sied que tu partages,
Avec mes soins royaux, mes royaux avantages,
   Règne ! mon trône est n'importe où.
Je remettrai ma torche et ma foudre en ta droite,
Dans un éclair tiré de ta planète étroite
   Comme le feu l'est d'un caillou.

« Ce que ton bras si frêle et la flamme si mince
De ton intelligence ont fait de ta province
   M'emplit d'un maternel orgueil.
Va ! si je t'ai donné des angoisses de reine,
Mes lois t'enseigneront ma majesté sereine
   Dans la bataille et dans le deuil.

« Si je t'ai proposé des épreuves si rudes,
Je sais faire des lits dignes des lassitudes !
   Va ! les sommeils qui te sont dus,
Loin du heurt des marteaux, du grincement des limes,
Berceront ta fatigue en des hamacs sublimes
   D'une étoile à l'autre tendus !... »

Telles au genre humain parlent ces voix natives,
Vibrantes plus ou moins, toujours impératives ;
  Elles l'ont sauvé quand, tout nu,
Sur les mers de la vie où sa galère flotte,
Navigateur de force avant d'être pilote,
  Il fut lancé dans l'inconnu !

Et maintenant qu'errant au gré de la tourmente
L'équipage, à vau-l'eau, n'a rien qui l'oriente,
  Que son radeau fait de débris,
En mêlant tout le fer des chaînes et des armes,
A du pôle recteur fait dévier les charmes,
  Et dérouté l'aimant surpris,

Maintenant que l'orage a couvert les étoiles,
Qu'à des restes de mâts ne pendent plus pour voiles
  Que des restes de pavillons,
Ce sont ces voix encore, à défaut de boussole
Et d'astres, dont l'appel nous guide et nous console,
  Et nous fait hisser des haillons !

C'est leur appel qui rend aux naufragés courage,
Reproche aux abattus leur langueur à l'ouvrage
  En leur nommant les caps aimés,
Dans les derniers vaillants entretient l'espérance,
Et, même en pleine mer, chante la délivrance
  Au sombre cœur des affamés!

Tout homme entend ces voix l'adjurer d'être digne,
D'être fidèle au rang que la douleur assigne
  A son espèce en l'Univers.
Oh! que penser est doux quand l'étude est féconde!
J'en frissonne : un rayon dont la clarté m'inonde
  Dessille mes yeux entr'ouverts!

C'est de ce rang conquis la conscience innée,
Gardienne d'une espèce et de sa destinée,
  Qui me révèle mon devoir!
Elle m'enjoint d'être homme et de respecter l'homme,
Au nom des cieux passés dont la terre est la somme,
  Et des cieux futurs, mon espoir!

Non que j'ose espérer que le temps y ranime
Le spectre évanoui de ma pensée infime ;
  Mais je sais que l'ébranlement
Qu'en battant pour le bien mon cœur ému fait naître,
Humble vibration du meilleur de mon être,
  Se propage éternellement !

Le respect de tout homme est la justice même :
Le juste sent qu'il porte un commun diadème
  Qui lui rend tous les fronts sacrés.
Nuire à l'humanité, c'est rompre la spirale
Où se fait pas à pas l'ascension morale
  Dont les mondes sont les degrés.

Le sens du mot « justice », enfin je le devine !
Humaine par son but, la justice est divine,
  Même dans l'âme d'un mortel,
Par l'aveu du grand Tout dont elle est mandataire,
Par le suffrage entier du ciel et de la terre,
  Et par le sacre universel.

DIXIÈME VEILLE

LA CITÉ

ARGUMENT

La cité est le plus haut produit de la planète. Dans l'espèce humaine, comme dans toute autre, la vie en société n'est pas contractuelle, mais instinctive. Il n'y a pas de justice hors de la sympathie, et c'est la conscience et la science qui développent la sympathie. Le progrès de la justice est lié à celui des connaissances et s'opère à travers toutes les vicissitudes politiques.

DIXIÈME VEILLE

LA CITÉ

———

LE POÈTE.

Je respire! Il est clos, le combat singulier,
Si long, si rude en moi, du cœur et de la tête!
Il cesse comme on voit, après une tempête,
La falaise et le flot se réconcilier.

Je sens à ma raison mes vœux se rallier
Pour me rendre ma flamme et mon nom de poète;
Les voix qui l'étouffaient lui font maintenant fête,
Et se changent pour elle en écho familier.

Ces voix, je souffrais tant de les repousser toutes !
Les plus douces surtout, qui parlaient à mes doutes
Comme un chant de nourrice humble, antique et puissant

En elles vibre au cœur la vérité vivante,
Qui communique un souffle à celle qu'on invente,
Et prête à la parole un invincible accent.

CHOEUR DES VOIX.

Sources vives, ruisseaux, fontaines,
Dont, par les midis accablants,
Les pèlerins aux pieds sanglants
Aspirent les fraîcheurs lointaines !

Torrents sonores, gais à voir,
Dont la poudre humide, au passage,
Est bonne et saine à recevoir
En fouets de perles au visage !

Puits cachés sous de verts arceaux,
Que l'oreille, à travers le lierre,
Connaît au choc profond des seaux,
Aux clapotements sur la pierre !

Vous semblez moins délicieux
A qui boit votre onde et s'y lave,
Que la Vérité n'est aux yeux
De lumière altérés suave !

LE POÈTE.

O Terre, nul mortel, même entre les meilleurs,
Bien que de tous ses dons la vertu le décore,
Si fort, si grand soit-il, n'est ton chef-d'œuvre encore :
Tous ses frères, unis, lui sont supérieurs !

Libre concert de bras et d'esprits travailleurs,
La Cité, mieux qu'un homme, en florissant t'honore ;
Une fibre isolée est vainement sonore,
Thèbes sort de tes flancs à l'accord de plusieurs.

O Terre ! la Cité, c'est la puissance humaine,
Élite, somme et nœud de tes forces, qui mène
Ton tournoîment aveugle à son suprême but !

C'est en elle qu'enfin s'ennoblit ta corvée,
Et qu'au progrès du monde acquittant ton tribut,
Tu vois ta mission sidérale achevée !

LE CHOEUR.

Les hommes sentent la valeur
De l'astre dont ils ont l'empire,
Et sa fin, conforme à la leur,
Par le culte qu'il leur inspire;

Le paysan, âpre au labour,
Aime en avare la campagne;
Le chevrier, de sa montagne
Garde l'inaltérable amour;

Dans sa grossière houppelande
Le pâtre, sur son grand bâton
Penché, les mains sous le menton,
Est l'amant rêveur de la lande;

Le bûcheron chérit les bois,
Le matelot l'onde marine;
De tous leurs amours à la fois
Le poète emplit sa poitrine!

LE POÈTE.

La bête hésite à boire un sang pareil au sien,
Et ne cherche en son rut qu'un amant de sa race ;
D'un solidaire instinct c'est la première trace,
Et des êtres vivants le nœud le plus ancien.

Les carnassiers entre eux n'ont pas d'autre lien,
Endurcis par le meurtre, isolés par la chasse ;
Mais l'herbage a formé le troupeau moins rapace,
La fourmi fait déjà penser au citoyen.

La ruche, et de son miel la commune industrie,
Ont préparé la terre à devenir patrie ;
Mais l'homme est obligé de s'inventer des lois :

Artisan douloureux de sa propre excellence,
Pour fonder la Justice il éprouve les poids,
Et semble en tâtonnant affoler la balance.

LE CHŒUR.

Durant la tourmente, les eaux
Vont, en montagnes révoltées,
Par-dessus digues et jetées,
Toucher la cime des vaisseaux ;

Mais la mer retombe à sa place.
Les vents ont beau l'écheveler,
Tous les atomes de sa masse
Ne tendent qu'à la niveler ;

La vague, plus longue et moins haute,
Aux agrès déjà n'atteint plus,
Déjà de la rade à la côte
Les mouchoirs se font des saluts !

Et tout à l'heure les navires,
Par la lame à peine léchés,
Comme des patineurs penchés,
Y glisseront sous les zéphires...

LE POÈTE.

Dans les bandes d'oiseaux unis pour voyager,
Chacun soumet son aile au vol des autres ailes,
Comme au pas du troupeau chacune des gazelles
Asservit de ses bonds le caprice léger ;

Ces tribus, poursuivant sans nul guide étranger
L'air plus doux, ou le champ plus prodigue envers elles,
Vont au but pressenti, par un concert de zèles
Qu'un sens éclos du groupe a l'air de diriger.

Ainsi le genre humain, bien qu'il dévie et doute,
Vers l'idéal climat, dont il rejoint la route,
Porte son guide issu de sa propre unité.

Le couple fait le sang, la Cité le génie,
Et peut-être naît-il de la fraternité
En des âmes sans nombre une force infinie.

LE CHOEUR.

Vierge, de tes bras délicats
Ose enlacer le jeune athlète
Qu'aux derniers jeux tu remarquas :
La vie à deux seule est complète !

Enfant, qui déjà sais courir,
Aide à marcher ton petit frère ;
Préparez-vous à secourir
L'aïeul qui vous portait naguère.

La plaine est grande, le blé haut,
Et la saison courte, ô familles !
Unissez toutes les faucilles,
Et vous engrangerez plus tôt.

O peuples, abaissez les herses
Que dresse la guerre entre vous,
Pour jouir tous des biens de tous
Par de sûrs et libres commerces !

LE POÈTE.

Une suprême fin lie entre eux tous les cœurs ;
Elle se cache à nous et pourtant nous attire,
Par le même idéal hantés, sans nous le dire,
Dans nos communs transports, dans nos vagues langueurs.

Cet idéal émeut jusques à ses moqueurs,
Sur la place publique, aux jours de saint délire
Où d'un peuple, vibrant comme une immense lyre,
L'âme unique s'exhale en formidables chœurs !

Nous pressentons alors quelque cité dernière,
Où s'uniront nos mains, nos fronts dans la lumière,
Tous frères, et rois tous par un sacre pareil ;

C'est dans notre tourmente une vive éclaircie,
Dont nous reste longtemps la splendeur obscurcie,
Comme aux yeux refermés luit un profond soleil.

LE CHŒUR.

Quand défilent dans la grand'rue,
Clairons levés, chevaux piaffants,
Aux cris de la foule accourue,
Les vieux escadrons triomphants,

Ou quand passent les funérailles
D'un illustre et pur magistrat,
Un frisson court jusqu'aux entrailles
Du plus lâche et du plus ingrat!

Les âmes sont dans l'air! Il semble
Que de longs fils éoliens
Rattachant tous les citoyens
Tressaillent ébranlés ensemble;

Et le douteur indifférent,
Le railleur même aux froids sarcasmes,
Suivent, poussés par le torrent
Des civiques enthousiasmes.

.LE POÈTE.

Peuple inhabile à vivre, un jour nous florissons,
Pour languir et déchoir, bien que sans cesse abonde
Dans nos champs, que le soc de plus en plus féconde,
Le trésor séculaire et croissant des moissons :

Les blés offrent leur masse à tous leurs nourrissons,
Invitant la Justice à combler tout le monde,
Sans qu'à leur noble appel la Justice réponde,
Sans que les peuples morts nous servent de leçons.

Ah! n'en accusons pas l'ordre de la Nature,
Du peuple accru la faim débordant la culture :
L'homme par son génie élargit son séjour.

Mais pour juger l'effort, l'ouvrage et le salaire,
La Loi sans âme attend qu'on l'échauffe et l'éclaire
Au flambeau du savoir, au foyer de l'amour.

LE CHOEUR.

Déjà les lois sont moins barbares,
Et tous les cris mieux entendus;
D'âge en âge se font moins rares
Les arrêts par le cœur rendus.

Salomon, sage, en ouvrit l'ère,
Quand jadis il eut deviné
Qu'on est sûr de trouver la mère
En menaçant le nouveau-né;

Puis, clément au pauvre qui pleure,
Jésus a largement payé
L'ouvrier de la dernière heure,
Dont Caton n'eût pas eu pitié;

Enfin le juste Marc-Aurèle,
Cœur indulgent, sévère esprit,
Sentinelle du droit écrit,
Médite la loi naturelle.

LE POÈTE.

Une mère varie à l'infini ses soins
Pour l'enfant délicat et pour l'enfant robuste ;
C'est à force d'amour que sa mamelle est juste,
Pressentant le devoir d'allaiter plus ou moins ;

Des indices légers lui sont de sûrs témoins ;
Car ce n'est pas sans but que la Nature incruste
Dans l'albâtre vivant de la poitrine auguste
L'or du cœur maternel qui sait tous les besoins.

Mais il manque à la Loi, ce maternel organe !
Le vrai droit de chaque homme est un intime arcane
Ouvert pour la tendresse et clos pour la rigueur ;

La Loi demeure inique et mauvaise nourrice
Avec des seins égaux où ne bat pas un cœur,
Et son indifférence a l'effet du caprice.

LE CHŒUR.

Que les droits soient égaux ou non,
Dès qu'on s'entr'aime on se respecte :
Le prisonnier fait d'un insecte,
D'un brin d'herbe, son compagnon ;

Et dans cet être qui partage
Son eau trouble ou son pain frugal,
L'humble ami, moins fort qu'un égal,
Lui devient sacré davantage.

Les faibles ont pour bouclier,
Bien plus que leur droit, leur faiblesse :
Quel est l'orphelin que délaisse
Le cœur le moins hospitalier ?

Et quelle est la femme frappée
Ou qu'une insulte fait rougir,
Qui ne fait aussitôt surgir
Un bras d'homme offrant une épée ?

LE POÈTE.

Crains, pour te gouverner, la plèbe autant qu'un roi :
D'ignorance et d'envie elle est trop coutumière.
La Justice est l'amour guidé par la lumière ;
Elle ne règne point par l'équerre et l'effroi.

Nul ne peut se vanter d'être juste envers toi,
S'il n'a jamais sondé l'esprit et la matière,
Si dans ton corps entier, si dans ton âme entière
Il ne lit clairement quelle est ta propre loi ;

Car les lois justes sont les vrais rapports des choses ;
Et la Nature seule a des urnes bien closes
Où ne tombe aucun vote aveugle ni pervers.

Ah ! quiconque proclame égaux les droits de l'homme
Est hardi pour lui-même et pour toi, quand il nomme
D'un seul et même nom deux êtres si divers !

LE CHŒUR.

Penseurs, seuls vrais aristocrates,
Seuls vrais rois, seuls vrais empereurs,
Dont les fautes sont des erreurs,
Jamais des œuvres scélérates,

Vous dont sans cesse, pour monter,
Le trône éternel se déplace,
Bienfaiteurs de la populace,
Qui l'élevez pour la dompter,

Seuls vrais conquérants, vos provinces
Sont de sublimes régions,
Vos invincibles légions
Des rêves qui défont les princes ;

Et sans vous, sans luth ni levier,
Sans Archimède et sans Homère,
Les princes ont beau guerroyer,
Leur tombeau même est éphémère !

LE POÈTE.

Orientons d'abord, d'un œil froid, mais altier,
Le point de l'univers, dont l'homme auguste est l'hôte,
Comme un navigateur, près de quitter la côte,
Mande à ses pieds hardis l'horizon tout entier.

Faisons de notre îlot l'école et le chantier
Où s'arment sans répit la nef et l'argonaute
Qui, vers d'autres splendeurs, sur une mer plus haute,
Se frayeront dans la nuit un lumineux sentier.

Appareillons au port pour l'étoile future,
Réglons le gouvernail, assurons la mâture,
Dressons un équipage au vaisseau bien muni !

Que la terre, où l'orgueil inassouvi déprave,
Nous soit, par la science aventureuse et grave,
Un quai d'embarquement au seuil de l'Infini !

LE CHŒUR.

Avant que le vaisseau s'élance,
Règne un bruit d'agrès, de ballots,
De cris, de pas,... puis le silence,
Quand la proue a fendu les flots.

Ainsi l'humanité prélude
En tumulte à son calme essor
Vers le climat et le trésor,
Prix de la guerre et de l'étude !

Son désordre n'est qu'apparent ;
La terre n'est qu'un lieu d'attente
Où se fait la commune entente
D'une espèce entière émigrant !

Guide et salut de l'équipage,
La Science y maintient l'accord,
Veillant seule au livre de bord
Plus rassurant de page en page.

LE POÈTE.

Nous naissons pour régner, et n'abdiquons jamais.
Du serf, ancien vaincu rêvant les parts égales,
Au seigneur, indigné des barrières légales,
Nul homme de plein gré ne dit : « Je me soumets. »

Et c'est peu d'être libre, on dit : « Si je primais !
Maître à mon tour, exempt des besognes banales ! »
Vœu que réveille, en bas, le cri des saturnales,
En haut, l'appel tentant des glorieux sommets.

Hé bien ! tous compagnons d'une même infortune,
Tous prétendants captifs, dans la chaîne commune
Pour nos titres gardons un respect mutuel ;

Vivons sur terre en rois dont n'a pas sonné l'heure,
Qui, par grâce accueillis dans quelque humble demeure,
S'y font l'esprit plus sage et le cœur moins cruel.

LE CHŒUR.

Si l'indice de la misère
Est un front pâle et soucieux,
Combien manquent du nécessaire
Avec tout l'or de leurs aïeux !

Que d'hommes ont la lèvre blême
Avec du pain blanc dans la main !
L'appétit fait le goût du pain
Plus encore que le blé même.

Hélas ! hélas ! pour décider
Qui mérite louange ou blâme,
Et qui plaindre ou féliciter,
Apprenons à lire dans l'âme !

A force d'étude et d'amour
Nous la rendrons moins insondable ;
Quand nous y lirons tous un jour,
La Loi n'aura plus d'autre table.

LE POÈTE.

L'âme, c'est le vrai nous, monde proche et lointain
Du monde où le pied marche et la bouche respire,
Espace intérieur, inviolable empire
Qu'un refus du vouloir barre même au Destin.

Nul mineur n'y pénètre avec sa lampe en main,
Aucun n'a sous la terre affronté de nuit pire ;
Dante, qui des enfers a descendu la spire,
N'a pu qu'interroger les âmes en chemin.

Jour levant, ô Science, ô Conscience, étoile !
Que, par vous révélé, tout l'homme se dévoile
Aux yeux de la Justice à peine dessillés !

Seuls flambeaux de la Loi, dissipez l'ombre en elle,
Dans l'esprit qui la guide en même temps brillez,
Et guidez pour l'écrire une main fraternelle.

LE CHŒUR.

Le sang pur versé tant de fois
Pour la fraternité rêvée
Attiédit le bronze où des lois
La lettre, qui tue, est gravée :

Un jour les cœurs, tous envahis
Par le grand flux d'amour qui monte,
De s'être si longtemps haïs
N'auront plus que surprise et honte.

Il nous semble que le présent
N'offre que rapine et carnage ;
Toujours pourtant il en surnage
Un nouveau dogme bienfaisant.

Toujours les causes magnanimes
Ont leur triomphe, lent ou prompt :
Fumés par le sang des victimes,
Les oliviers triompheront !

ÉPILOGUE

ÉPILOGUE

J'ai conquis l'horizon sur l'ombre et sur le doute,
J'ai surmené mon front, par les veilles jauni ;
Il me semble pourtant que je n'ai pas fini,
Et que j'ai, quand j'arrive, à refaire la route.

Mon cœur et ma raison ne sont plus en conflit :
Pourquoi suis-je anxieux ? moi qui, pour récompense,
Aspirais au repos, comme un pèlerin pense
Au premier bon sommeil dans le premier bon lit !

Ah ! je n'ai mérité ni le lit ni le somme !
J'ai cherché la Justice en rêveur ; et mon but
A la fin du voyage est plus loin qu'au début,
Car je sens qu'il me reste à la poursuivre en homme.

Au sortir du désert, le pèlerin lassé
Se délecte à songer aux innombrables rides
Que déroulaient sous lui les longs sables arides,
Savourant sa fatigue et le péril passé.

Celui-là peut dormir ! sa tâche est achevée.
Il a heurté le seuil des minarets lointains,
Son pied même et sa foi les ont ensemble atteints :
Il peut tranquillement jouir de l'arrivée.

Moi, j'ai rempli mon vœu sans péril à courir,
Immobile, en esprit seulement, comme on plane,
Sans fouler la poussière avec la caravane
Qui marche à l'Idéal au lieu d'en discourir.

Pendant qu'elle avançait silencieuse, en butte
Aux fureurs du simoun, et sous le plomb du ciel,
Ce n'était qu'en parole, et loin du sol réel,
Loin des réels climats, que j'acceptais la lutte.

La parole, offrît-elle un rare et pur trésor,
Ne doit pas tout entier son crédit à la bouche :
Il faut que l'essayeur et la pierre de touche,
Le vouloir et la vie, en aient éprouvé l'or !

Certes, c'est un bon grain qu'une parole vraie ;
Mais en est-il un seul qui germe sans labour,
Et qui lève sans eau, sans chaleur et sans jour,
Sans que personne arrache autour de lui l'ivraie ?

Or, notre fonds est vieux ; il exige à présent,
Plus que jamais ! qu'un bras vigoureux le travaille.
Plus que jamais aussi la mauvaise herbe assaille
Et tâche d'étouffer le semis bienfaisant.

Jamais les défenseurs de la culture humaine
N'ont dû, pour la sauver, combattre autant que nous
Le froid, la sécheresse, et le torrent jaloux
Des appétits lancés par le jeûne et la haine.

Séculaire fouillis de lois, d'us et de mœurs,
Notre monde, à la fois si caduc et si riche,
Ressemble à la forêt qu'à la hâte défriche
Tout un peuple accouru d'ardents explorateurs.

Les anciens possesseurs défendent qu'on y touche.
Depuis des milliers d'ans ils y vivent en paix ;
Ils sont faits à la nuit de ses fourrés épais ;
Leurs aïeux en ont vu la plus antique souche ;

Et tous, du rossignol jusques au léopard,
Maudissent, indignés, la bande sacrilège :
« Où vais-je désormais chanter ? — Où chasserai-je ? —
Luttons, fortifions la place ! » — Il est trop tard !

Les assiégeants y sont, et l'attaque est hardie.
Les uns, impatients d'un paresseux progrès,
Prétendant que la cendre est le meilleur engrais,
Condamnent la forêt entière à l'incendie.

Les autres, respectant son âge et ses beautés,
Merveilles de la sève à grand'peine obtenues,
Y veulent seulement percer des avenues,
Y faire entrer le jour et l'air de tous côtés ;

Leur vœu, c'est que le bois s'émonde et s'aménage,
Purgé des carnassiers, ses premiers occupants,
Pourvu que les oiseaux, à l'abri des serpents,
Y conservent leurs nids, leur voix et leur plumage ;

Ils ne méditent pas d'abattre ou brûler tout :
Ils voudraient voir, mêlés au milieu des bruyères,
Palais et chaumes luire au soleil des clairières,
Et les chênes sacrés mourir en paix debout.

Ainsi les pionniers sont en pleine discorde.
Le feu rôde, et déjà s'attaque aux plus vieux troncs,
Tandis que se balance aux mains des bûcherons
Le fer aidé des bras qui tirent sur la corde.

A l'œuvre ! il est passé, le temps de l'examen ;
Il faut que la forêt s'assainisse et s'éclaire,
Ou par le bûcheron ou par l'incendiaire ;
Aujourd'hui, la cognée ! ou la torche, demain !

Malheur à qui se berce au murmure des branches,
Et s'endort sur la foi des gardiens du passé,
Ou, par la flamme active et proche menacé,
Renonce à l'abatis pour cueillir les pervenches !

Hélas ! abattre est dur et ne nous sourit point,
A nous que l'ombre tente et la verdure attire !
Nous, dont jamais les doigts n'ont su quitter la lyre,
Faut-il que nous marchions avec la hache au poing ?

Je t'invoque, ô Chénier, pour juge et pour modèle !
Apprends-moi — car je doute encor si je trahis,
Patriote, mon art, ou chanteur, mon pays, —
Qu'à ces deux grands amours on peut être fidèle ;

Que l'art même dépose un ferment généreux,
Par le culte du beau dans tout ce qui exprime ;
Qu'un héroïque appel sonne mieux dans la rime ;
Qu'il n'est pas de meilleur clairon qu'un vers nombreux ;

Que la cause du beau n'est jamais désertée
Par le culte du vrai pour le règne du bien ;
Qu'on peut être à la fois poète et citoyen
Et fondateur, Orphée, Amphion et Tyrtée ;

Que chanter c'est agir quand on fait, sur ses pas,
S'incliner à sa voix et se ranger les arbres,
Les fauves s'adoucir, et s'émouvoir les marbres,
Et surgir des héros pour tous les bons combats !

O Maître, tour à tour si tendre et si robuste,
Rassure, aide, et défends, par ton grand souvenir,
Quiconque sur sa tombe ose rêver d'unir
Le laurier du poète à la palme du juste.

FIN.

TABLE DES MATIÈRES

Traduction du 1ᵉʳ Livre de Lucrèce.

	Pages.
Avant-Propos	1
Préface	v
Traduction	1
Note	49
La Justice	57
Dédicace	59
Prologue	65
1ʳᵉ Partie. — Silence au cœur	73
1ʳᵉ Veille. — Commencement	75
2ᵉ Veille. — Entre Espéces	91
3ᵉ Veille. — Dans l'Espèce	111

	Pages.
4ᵉ VEILLE. — ENTRE ÉTATS............	131
5ᵉ VEILLE. — DANS L'ÉTAT............	149
6ᵉ VEILLE. — FATALISME ET DIVINITÉ..	167
SECONDE PARTIE. — APPEL AU CŒUR..	191
7ᵉ VEILLE. — RETOUR AU CŒUR......	193
8ᵉ VEILLE. — LA CONSCIENCE........	207
9ᵉ VEILLE. — LA DIGNITÉ. LA JUSTICE.	227
10ᵉ VEILLE. — LA CITÉ..............	245
ÉPILOGUE........................	271

www.ingramcontent.com/pod-product-compliance
Lightning Source LLC
Chambersburg PA
CBHW060603170426
43201CB00009B/880